INFO3 VERLAG

Michael Bockemühl

KUNST SEHEN

BAND 6

Nach einer öffentlichen Vorlesung zu Pablo Picasso
vom 24. Juni 1992 im Saalbau Witten

David Hornemann v. Laer, Elisabeth Capellmann (Hg.)

Michael Bockemühl

KUNST SEHEN

PABLO PICASSO

INHALT

„Ich male die Nasen absichtlich schief,
damit die Leute gezwungen sind, sie anzusehen." [1]

Pablo Picasso

1 | Pablo Picasso, **Selbstbildnis**, 1907

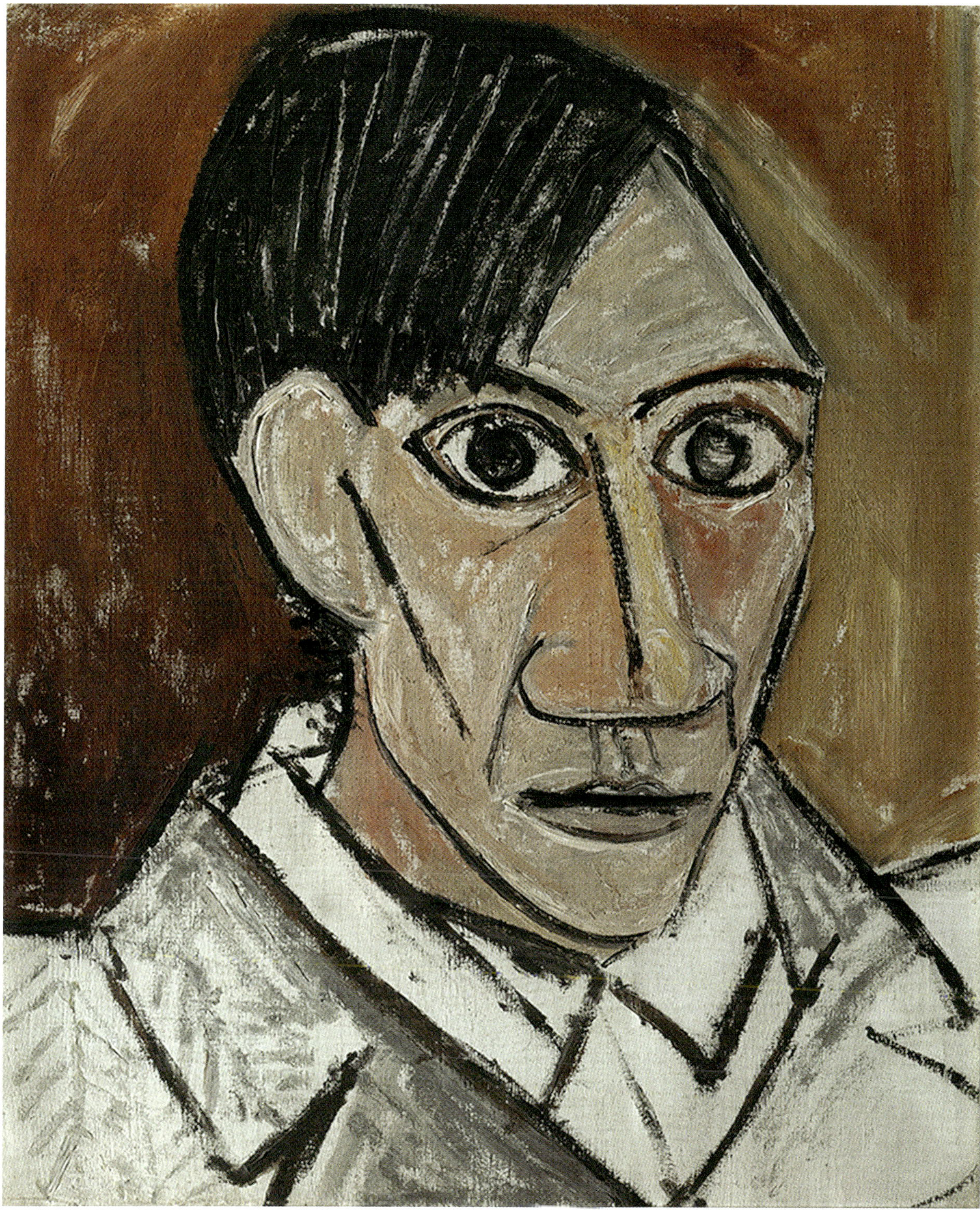

EIN FEST FÜR DAS AUGE

Was könnte uns dazu berechtigen, zu den unzähligen Büchern über allseits bekannte Künstler wie Vincent van Gogh, Paul Cézanne oder Pablo Picasso weitere Bände hinzuzufügen? Ist nicht gerade über diese Klassiker der Kunstgeschichte schon alles gesagt und geschrieben worden?

Die hier veröffentlichten Vorlesungen des Kunstwissenschaftlers Michael Bockemühl sind – obwohl mehr als 25 Jahre alt – in ihrer das Sehen unmittelbar miteinbeziehenden Art noch heute zukunftsweisend und Orientierung stiftend. Deutlich vor Augen geführt wurde mir das durch die begeisterten Reaktionen der Studierenden, die den Kunstwissenschaftler nur noch anhand der schon vergilbten Transkriptionen seiner Vorlesungen kennenlernen konnten. Ihr Tenor lautete: „Diese Texte sind wichtig. Wir dürfen sie nicht für uns behalten!"

Die öffentlichen Vorlesungen Michael Bockemühls haben Anfang der 1990er Jahre im Wittener Saalbau stattgefunden. Die damaligen Räume der Universität reichten schon nach der ersten Vorlesung nicht mehr aus. Ein Bericht des WDR-Fernsehens über die „sensationelle Veranstaltung" endete mit den Worten: „So wenig Notizen, so viel Begeisterung für die Art der Vorlesung. Kunstgeschichte als Happening – gibt's noch 'ne Steigerung?"[2]

Heute ist Bockemühls Methode der Kunstbetrachtung aktueller denn je und es scheint in Zeiten von „Fake News" und „Alternative Facts" eine Schulung des Sehsinns für eine an den konkreten Eindrücken orientierte, selbstständige Urteilsbildung unverzichtbar. Auf meine Frage, warum die Studierenden es für unbedingt notwendig erachteten, diese Texte zu veröffentlichen, lautete eine Antwort: „Wir haben verlernt, wirklich zu sehen. Unser Blick für die Schönheit und Natürlichkeit der Welt ist durch unseren Lebensstil und die Gesellschaft getrübt. Michael Bockemühl zeigt uns anhand von Kunstwerken, wie wir unseren Blick dafür wieder öffnen können."[3]

Aber wie würde es uns gelingen, die Lebendigkeit des gesprochenen Worts in eine angemessene Form zu bringen – eine Form, die dem Inhalt dieses für Professor Bockemühl so wichtigen Hauptwerks entsprechen kann?[4]

ODER WIE DIE KUNST DIE FRAGE NACH DEM SEHEN SCHARFSTELLT

Die Qualität der Tonbandaufzeichnungen war mangelhaft und manche Sätze waren kaum noch zu hören. Auch war nicht immer eindeutig, um welche Kunstwerke es sich handelte und wo wir davon Abbildungen finden könnten. Dennoch entschlossen wir uns, diesen „Schatz" zu heben und die in freier Rede gehaltenen Vorträge behutsam zu überarbeiten, die zugehörigen Bilder ausfindig zu machen und sie für eine Buchreihe vorzubereiten. Dabei ging es nicht nur um die Herstellung eines möglichst lückenlosen Textes, sondern immer auch darum, die Experimente und Sehanregungen im eigenen Üben zu erproben – gemäß Bockemühls Credo: „Der Künstler ermöglicht, was der Anschauende verwirklicht."[5] Das wurde für uns jedes Mal erneut zu einem „Fest für die Augen": Unser Sehen begann sich zu verändern. Es wurde genauer, unbedingter, schärfer – und selbst die scheinbar bekanntesten Kunstwerke erschienen aufregend neu und lebendig. An die Stelle abschließender Interpretationen trat das eigene Sehen als offener Prozess.

„Der Künstler ermöglicht, was der Anschauende verwirklicht."

Michael Bockemühl

Michael Bockemühl verzichtet in seinen Vorlesungen auf die Vermittlung kunsthistorischen Wissens und macht uns auch nicht näher mit den biografischen und gesellschaftlichen Hintergründen der Künstler bekannt. Das alles ist sehr gut erforscht und beschrieben und würde die Herausgabe einer weiteren Buchreihe nicht rechtfertigen. Neu und bis heute fast unbekannt ist dagegen der Zugang, den uns der passionierte Wahrnehmungsforscher hier eröffnet: Wir werden als Leserinnen und Leser auf eine Expedition mitgenommen, die uns zum eigenen Sehen führt. Mehr noch: wir werden zu einem vorurteilsfreien Wahrnehmen angespornt, wie wir es vielleicht noch aus unserer frühen Kindheit erinnern. Das aber versetzt uns in die Lage, bewusster mit unserem Sehen und Verstehen umzugehen – letztlich selbst Sinn im Sinnlichen zu entdecken.

„Wer die Welt verstehen will, muss mit eigenen Augen sehen lernen"[6], bemerkt Paulo Coelho. Wie man das macht, dafür liefert Bockemühl in seinen Vorlesungen konkrete Anregungen. Wir werden in Experimente und Sehübungen verwickelt und lernen, den Schleier unserer Denkroutinen zu heben, sodass an den Kunstwerken Dinge sichtbar werden, die unserem Bewusstsein zuvor durch den Filter unserer Gedanken und Meinungen entzogen wurden. So wird es möglich, an eigene Erfahrungen unmittelbar anzuknüpfen. Dabei misst sich der Wahrnehmungsexperte nicht die Deutungshoheit über das Erlebte an, sondern beschränkt sich stets auf die Frage, wie das Wahrgenommene ins Bewusstsein tritt: „Wichtig ist, dass wir uns darüber verständigen, wie es bei jedem einzelnen Betrachter von der Wahrnehmung zum Begriff gekommen ist. Wichtig ist, dass wir uns über das Wie des Anschauens verständigen."[7] Das aber brauchen wir in einer Zeit, in der wir durch Smartphones, Tablets und so weiter ohne jede Sinnesanstrengung immer mehr in eine Parallelwelt zweidimensionaler Bilder hineingezogen werden, „in der wir alles per Klick festhalten und gleichzeitig global verbreiten können, ohne unseren Standpunkt zu verändern, und in der uns alles, was am anderen Ende der Welt passiert, in Jetztzeit erreichen kann – was genau genommen unsere Wahrnehmung nicht erweitert, sondern verkürzt, weil wir uns selbst und die Perspektivität als Wahrnehmende aus dem Blick verlieren."[8]

Der Grafiker und Künstler Frank Schubert hat sich auf den mühsamen Prozess eingelassen, mit uns gemeinsam eine Buchform zu entwickeln, die dem Charakter dieser Vorlesungen entspricht: Es ist der Versuch, die Hinweise Bockemühls mit den Abbildungen in eine Balance zu bringen, es den Leserinnen und Lesern zu ermöglichen, Anschauliches und Gedankliches selbst zu verbinden. Das wiederum eröffnet die Möglichkeit zu einer kritischen Distanz sowie zu eigener anschaulicher Überprüfung.

Die Wechselbeziehung zwischen sehendem Subjekt und wahrgenommenem Objekt tritt hier in den Fokus und lässt uns erleben, dass Kunst nur dann wirksam wird, wenn sie ein Gegenüber hat, das seine Augen auf sie richtet und seine Eindrücke mittels der Augen zu erfassen und zu durchdenken sucht.

Über die Chancen einer solchen, an Friedrich Schiller orientierten Ästhetik bemerkte der Professor von der Universität Witten/Herdecke: „Diese Ästhetik bietet die Möglichkeit, zu unserer eigenen Bestimmung zu finden, nicht über Gesetze von außen – Bildungszwecke, tradierte Wertvorstellungen, Moralvorschriften und so weiter –, sondern mehr und mehr auf dem Wege selbst verantworteter und gestalteter Wahrnehmung."[9]

David Hornemann v. Laer
Witten im Februar 2019

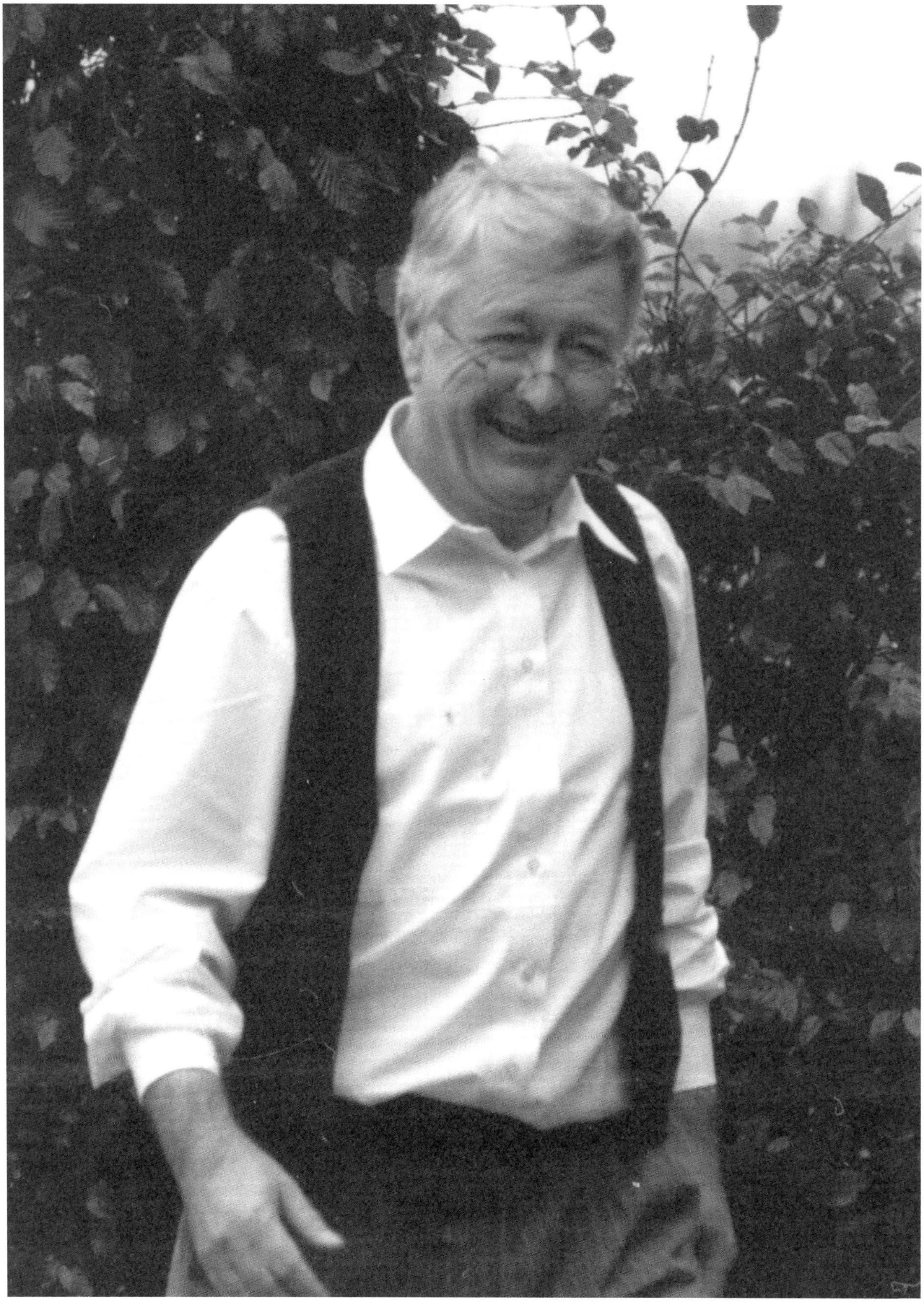

„EIN BILD LEBT (…) DURCH DEN MENSCHEN, DER ES BETRACHTET.“[10]

Pablo Picasso

Meine Damen und Herren,

wir machen den Versuch, einen Weg zu finden, um uns auf das einzustimmen, was im 20. Jahrhundert als Möglichkeit des Sehens durch die Kunst eröffnet worden ist. Das ist es, worum es mir in dieser Vorlesungsreihe geht, und das hängt zusammen mit einer Qualität, die wir hier in der Universität Witten/Herdecke vertreten wollen. Als Universität bieten wir eine wissenschaftliche Ausbildung. Als Tribut dafür, dass man in einer Fachdisziplin derart ins Einzelne gehen kann, dass man sich da wirklich bis in die allerletzte Verästelung gegenwärtigen Wissens vertiefen und ganz und gar zum Spezialisten werden kann, arbeiten wir im Studium fundamentale – Sie nehmen hier ja an einer Veranstaltung dieser Einrichtung unserer Universität teil – an einem Ausgleich für diese Spezialisierung, damit die Wissenschaft im Lebenszusammenhang nicht zerstörerisch wird. Dieser Ausgleich, diese Gegenanstrengung besteht darin, sich immer wieder auch zugleich der Erkenntnisfähigkeiten und Erkenntnisgrundlagen bewusst zu werden und diese nicht nur kognitiv als zusätzliche Informationen aufzunehmen, sondern im Sinne des Erwerbs von Fähigkeiten.

2 | Bockemühl, 2003

Ich spreche hier von einer Art Kraft, einer Produktivität und Lebendigkeit, die in jedem Menschen vorhanden ist, die angesprochen werden kann und die letztlich die Grundlage für jede in die Welt wirkende Motivation ist. Und wenn die Wissenschaft gut beraten ist, dann nutzt sie dieses Potenzial ebenso, wie sie sich des Verstandes bedient. Das muss in eins gehen. Wir haben an der Universität Witten/Herdecke mit dem Studium fundamentale die Möglichkeit, uns auf diese Grundfähigkeiten zu besinnen. Mit unseren öffentlichen Vorlesungen haben wir genau in diesem Sinne angefangen, denn eine dieser grundlegenden Fähigkeiten betrifft nun einmal unser Wahrnehmen, das Sehen.

Wir können nach den ersten Vorlesungen zu KUNST SEHEN vielleicht schon die Aussage machen, dass das Sehen nicht nur aus Sehen besteht. So betrachte ich das, was wir in den letzten Vorlesungen gemacht haben, und auch das, was wir heute versuchen, als einen Anfang, es ist als eine Art Ouvertüre zu verstehen – es wird allerdings so eine Art Wagner-Ouvertüre daraus, wenn man bedenkt, dass wir heute schon die fünfte Vorlesung dieser Art haben.[11] Doch beim Üben muss man sich ja immer klar machen: Einmal ist keinmal. Man muss einen Ansatz finden, muss immer wieder neu drangehen und nicht so sehr das, was man „schwarz auf weiß nach Hause tragen kann"[12] als das Ergebnis betrachten, sondern das, worauf man aufmerksam wird für eigene Beobachtungen. Sollten meine Bemühungen hier irgendeinen Sinn machen, dann den, dass Sie sich angeregt und ermutigt fühlen, selbst Entdeckungen zu machen. Darin sehe ich den höchsten Wert: sich seiner eigenen Fähigkeiten bedienen zu lernen und auch das Vertrauen in diese wiederzuerwecken.

Es ist eine ganze Welt, die sich auftut, wenn wir unsere Sinne dafür empfänglich machen. Doch stehen wir erst am Anfang dessen, was die Sinne bieten, insofern wir uns ganz rudimentär – nur im allerersten Ansatz – der Fähigkeiten unserer Sinne, der Fähigkeiten des Auges bewusst werden. Das ist ein ganz neuer Anfang. Normalerweise schlafen wir tief, wenn wir uns der Sinne bedienen. Und wenn wir nun diesen Schritt vom 19. ins 20. Jahrhundert in der Kunst verfolgen, dann lässt sich das auch als eine Art Aufwachen in den Sinnen beschreiben.

„Wenn wir nun den Schritt vom 19. ins 20. Jahrhundert in der Kunst verfolgen, dann lässt sich das auch als eine Art Aufwachen in den Sinnen beschreiben."

Wir haben bereits gesehen, welche Chancen sich eröffnet haben, indem durch Künstlerpersönlichkeiten wie Claude Monet, Vincent van Gogh oder Paul Cézanne neue Wege beschritten worden sind, die immer zugleich auch eine Überwindung alter Formen mit sich brachten. Doch die dadurch eröffneten neuen Möglichkeiten sind nicht so leicht zu fassen, denn sie sind tatsächlich neu. Ja, es ist so neu, dass selbst unsere Sprache, die ja auch sehr durch die Tradition geprägt ist, sich oftmals entzieht. Auch unsere Begriffsformen scheinen immer wieder dagegen anzulaufen, weil sie nicht so recht passen wollen. Wir haben das schon bei der Betrachtung von Cézannes Werken beobachten können. Auch hier mussten wir uns bereits an der Grenze des Begrifflichen bewegen.[13] Wie Sie sehen werden, kommen wir auch mit diesen Betrachtungen an die Grenze unserer Begriffsfähigkeit, die natürlich individuell verschieden ist. Aber ich kann auch hier gar nicht anders, als an diese Grenze zu gehen, egal ob das nun die eigene Fähigkeit überschreitet oder nicht. Wer sich nicht ins Risiko begibt, kann auch nicht auf diese Qualitäten kommen. Und so möchte ich nun den eigentlichen Schritt ins 20. Jahrhundert tun, indem wir uns heute mit der Kunst Picassos beschäftigen.

Picasso hat eine unglaubliche, prägende Kraft als Künstlerpersönlichkeit für dieses 20. Jahrhundert gehabt. Man könnte ihn den Künstler der Fülle nennen. Er hat die besondere Fähigkeit gehabt, das was als Tendenz des Jahrhunderts angelegt war, aufzugreifen und selbst zu verwandeln.

Ich möchte, weil nun diese Fülle ganz ungeheuerlich ist, mit Ihnen den Versuch machen, einen Blick auf dieses Gesamtwerk zu tun – gerade im Hinblick auch auf unsere Frage nach dem Sehen –, indem ich in diese Fülle einfach hineingreife und drei Zugänge zu dieser Künstlerpersönlichkeit versuchen möchte. Drei verschiedene Zugänge, die ich betiteln möchte, damit Sie sich in dem Folgenden leichter orientieren können:

1. Von der Fähigkeit zum eigenen Stil
2. Vom menschlichen Körper zum Verständnis von Körperlichkeit
3. Vom Mythos zum Leben der Farbe

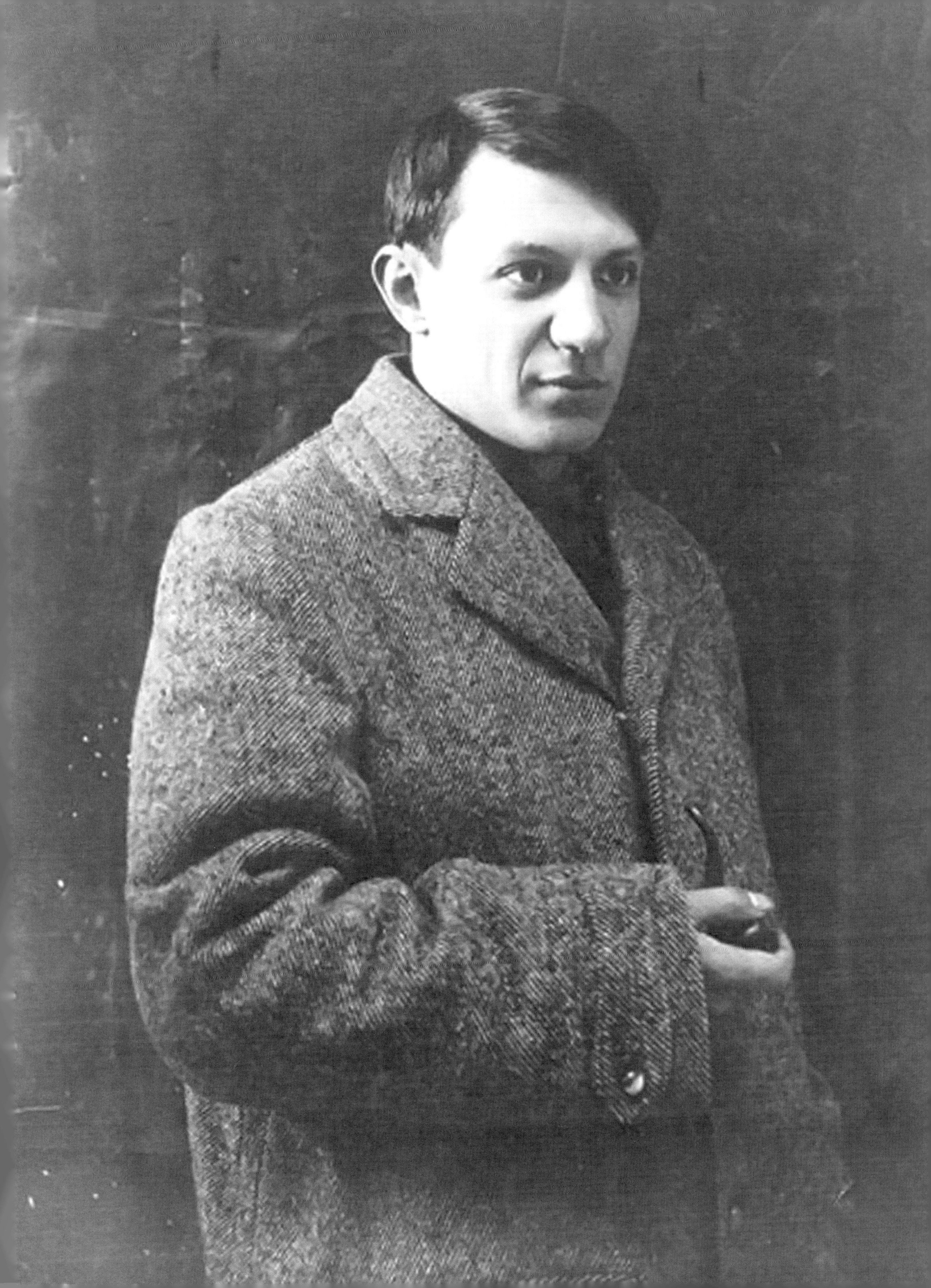

ERSTER ZUGANG

„Angefangen mit van Gogh sind wir alle, so groß wir auch sein mögen,
in einem gewissen Maße Autodidakten – man könnte fast sagen,
naive Maler. Die Maler leben nicht mehr innerhalb einer Tradition,
und so muss jeder von uns alle seine Ausdrucksmöglichkeiten neu erschaffen.
Jeder moderne Maler hat das vollkommene Recht,
diese Sprache von A bis Z zu erfinden." [14]

Pablo Picasso

3 | Pablo Picasso um 1908

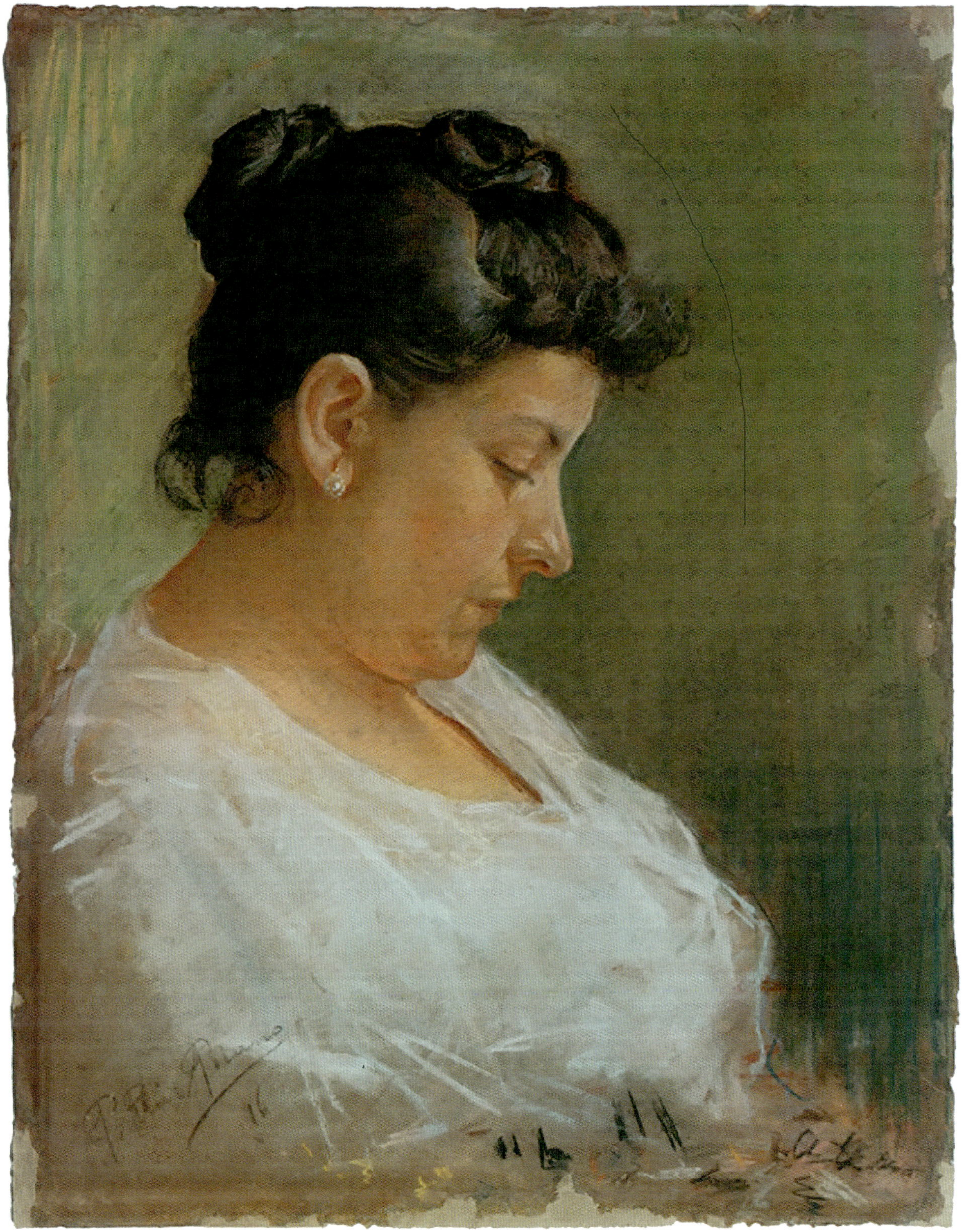

VON DER FÄHIGKEIT ZUM EIGENEN STIL

Der junge Picasso hat ganz außerordentlich schnell die Fähigkeiten erlernt, die ihm das 19. Jahrhundert geboten hat, und das mit einer Spontaneität, die ganz unglaublich ist, wenn man bedenkt, dass ein Fünfzehnjähriger dieses Porträt der Mutter gemalt hat. Ihm floss das unmittelbar aus dem Pinsel.

In diesem Porträt sieht das Bild aus wie das Vorbild: Ich möchte jetzt sagen: mit der ganzen Problematik, die wir hier schon angesprochen haben. Ich darf anknüpfen an die erste Vorlesung[15], wo wir uns klargemacht haben, dass dort, wo das Bild nur aussieht wie das Vorbild – Sie können das genau erkennen, das ist genau getroffen – die Gesichtszüge, der Glanz in den Haaren, das Licht- und Schattenspiel im Gesicht und auf der weißen Bluse, der verzierte Perlenohrring, der Schatten unter dem gesenkten Augenlid, die Haltung –, da fängt man nun an, mit diesem Problem umzugehen, als sähe man nicht ein Bild, sondern als sähe man die Mutter. Es ist eine Verfügbarkeit über das, was hier als Abbild präsentiert wird. Und diese „Abbildlichkeit" erzeugt die Illusion einer *scheinbaren* Verfügbarkeit: als ob hier tatsächlich eine Präsenz da wäre. Die ist aber nur in unserer Vorstellung da, denn Farben und Formen dienen letztlich nur dazu, ein Wissen von der Wirklichkeit zu erhalten, die woanders ist: Diese Frau ist nicht mehr am Leben und hat auch damals nur eine kurze Zeit so ausgesehen, so dagesessen ... Jeder wird das Bild als Schein im Vergleich zur tatsächlichen Mutter auffassen können. Also Sie erinnern sich: was Sie hier im Bild sehen, ist Schein, ist Illusion.

Das waren Picassos Zugriffe im Jugendalter – es gibt so etwa zehn bis fünfzehn Bilder aus dieser Zeit –, dann geht es mit Riesenschritten weiter in eine ganz andere Richtung.

4 | Pablo Picasso,
Bildnis der Mutter des Künstlers, 1896

Hier nun sehen Sie ebenfalls ein frühes Werk Picassos, aber jetzt eben schon einen Schritt weiter. Sie können unschwer erkennen, dass es nun schon gar nicht mehr so sehr um die dingliche Präsenz, also um eine Porträtähnlichkeit, eine Abbildlichkeit geht, sondern dass hier mit lebendiger leichter Hand die verschiedenen Farbvaleurs ins Bild gebracht sind und darin die Gestalt erscheint.

Dass das Erscheinungshafte, Flüchtige einer Gestalt zum Thema der Malerei wird, kennen Sie vielleicht auch aus Bildern von Edgar Degas (1834–1917) oder Henri de Toulouse Lautrec (1864–1901), oder was mit der Richtung, die Ihnen als Impressionismus bekannt ist, zusammenhängt. Das Sehen löst sich vom Gegenständlichen, vom Dinglichen. Wie dieses in Farben und Formen erscheint, kommt in den Blick. Die Erscheinungshaftigkeit wird zum Bild – mit der Folge, dass das Bild selbst einen erscheinungshaften Charakter bekommt. Sie bemerken, ich wiederhole, was wir zu diesen verschiedenen Richtungen bisher in unseren Vorlesungen gesagt haben.[16]

Doch Picasso bleibt auch hier nicht stehen, wie das an dem nächsten Bild ersichtlich wird, das im gleichen Jahr wie dieses und das vorherige Bild entstanden ist.

5 | Pablo Picasso, **Frau in Grün**, Madrid 1901

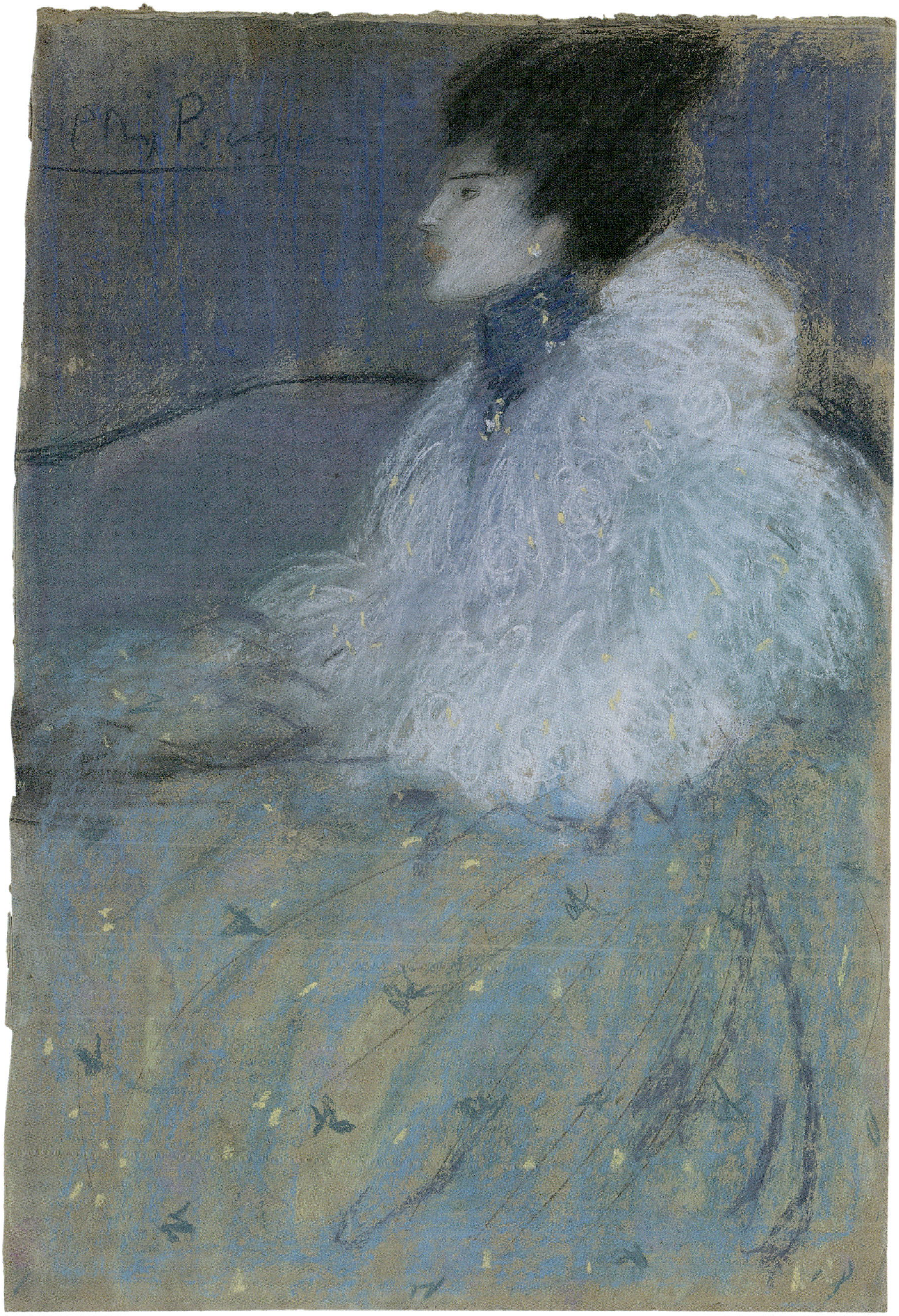

Wir sehen hier wieder etwas ganz anderes, obwohl nur wenig Zeit zwischen dem letzten und diesem Bild liegt.

Bemerken Sie, mit welcher Aggressivität hier nun die Farben gesetzt sind?

Sehen Sie sich dieses Glas hier unten an. Sie werden vielleicht gar nicht so ganz unterdrücken können, gleich zu deuten, was sich in diesem Glas befindet – Bohnenkaffee oder Milch wird es nicht sein. Es ist eher so eine giftgrüne Brühe, Absinth oder irgendetwas Feines aus dem Reich der Spirituosen. Und zum anderen ist da dieser Kragen, der ja aggressiv rot ist, dann in dunklen Farben diese aufleuchtenden Fenster im Hintergrund, die blutig roten Lippen, die blutunterlaufenen Augen, die roten Ohren, diese rot durchsetzten Hände: wenn Sie das außerbildlich interpretieren, dann müssen Sie sich anstrengen – so kann man gar nicht aussehen. Da geht etwas in das Aussehen, in die Gestalt hinein – die Wirkungskraft der Farbe wird unmittelbar emotional eingesetzt und wir spüren etwas – jetzt nun im Vorweggriff –, was wir dann natürlich ausführlich behandeln müssen.[17]

Da treten bei Picasso im Gegensatz zu den impressionistischen Tendenzen, die wir im Bild davor gesehen haben, durchaus Züge des Expressionismus auf, in einer Radikalität, die Erschrecken macht, wenn man denkt, dass Picasso schon früh im Leben solche Stadien ganz allein durchgemacht hat.

6 | Pablo Picasso, **Die Absinthtrinkerin**, Paris 1901

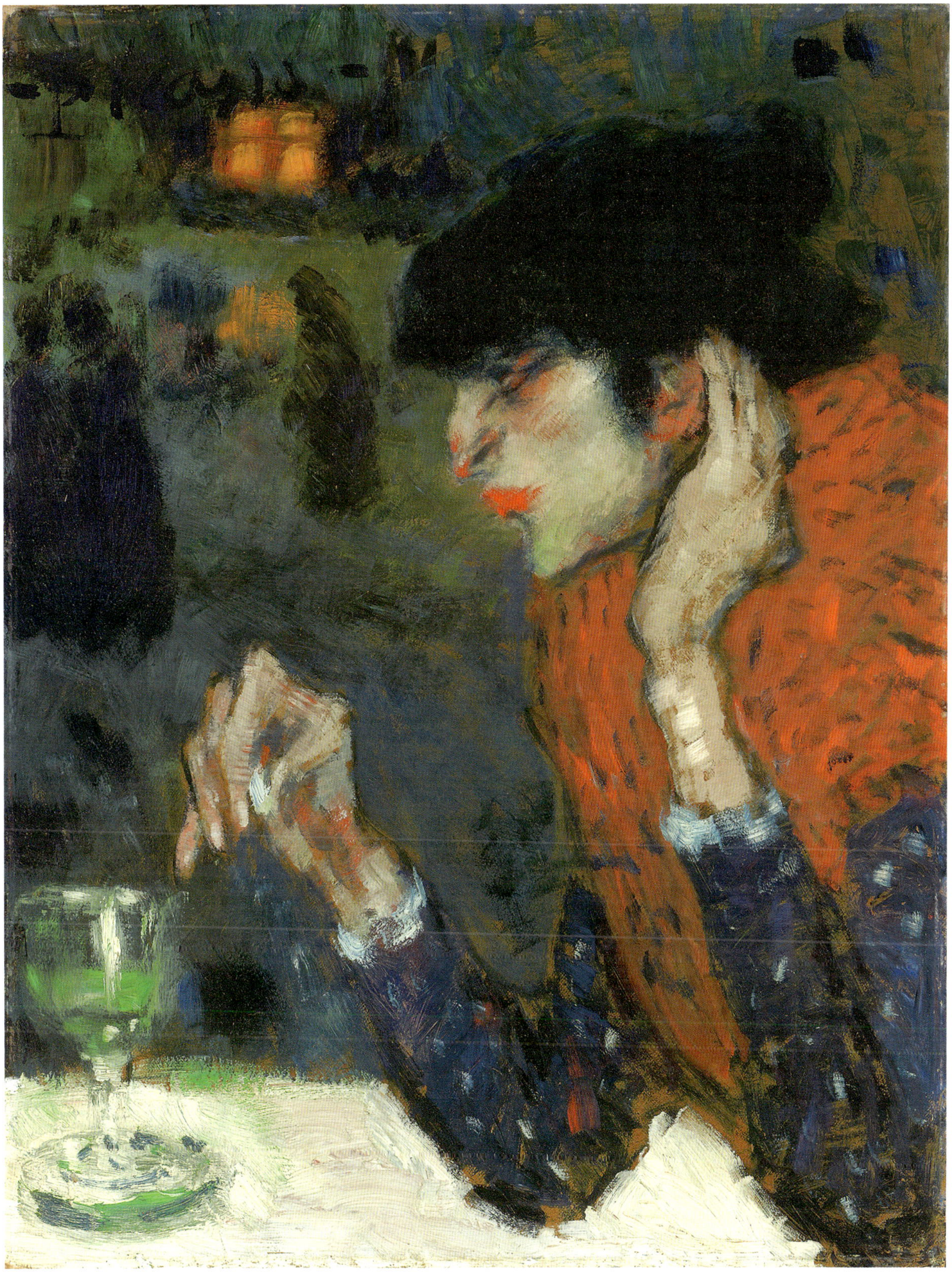

„Die Malerei ist stärker als ich; sie zwingt mich zu machen, was sie will.“ [18]

Pablo Picasso

Nun geht Picasso auch schon weiter – und Sie sehen, welche ungeheure Verwandlungs- und Gestaltungskraft in diesem Künstler verborgen lag und zum Vorschein kam. Nun wieder ein Porträt, aber so, als ob alle Elemente – zum Beispiel die vollendete Scheinhaftigkeit des Objekts, das Erscheinen der Farbigkeit, des Atmosphärischen und des reinen Ausdruckswertes der Farbe – nicht das Besondere ausmachen, sondern wir bemerken, dass hier ein Kopf genommen wird und nun wie analysiert erscheint auf seine Formelemente. Bestimmte Züge werden zeichenhaft in Formen, in Dreiecke, Rechtecke, Rundungen überführt und die Farbe geht fast neutral darüber wie eine Struktur und kommt somit gar nicht zu ihrer Eigenwirkung. Sie begegnet als reine Form- und Flächenfunktion – nichts mehr von dem blutigen Ausdruckswert einer roten Lippe, eines roten Kragens und eines grünen Absinthglases, sondern ganz abgezogen, ganz in Grau strukturierte, schraffierte Elemente, gegen jeden Sinn der Darstellung. Einfach als Flächenstruktur, die sich aus zusammengesetzten Raumelementen ergibt. Auch das wissen Sie, was das ist, das nennt man Kubismus. Also wir sind bereits beim dritten „Ismus“. Doch auch jetzt geht Picasso ungehindert weiter!

7 | Picasso, **Kopf eines Mannes**, Frühjahr 1909

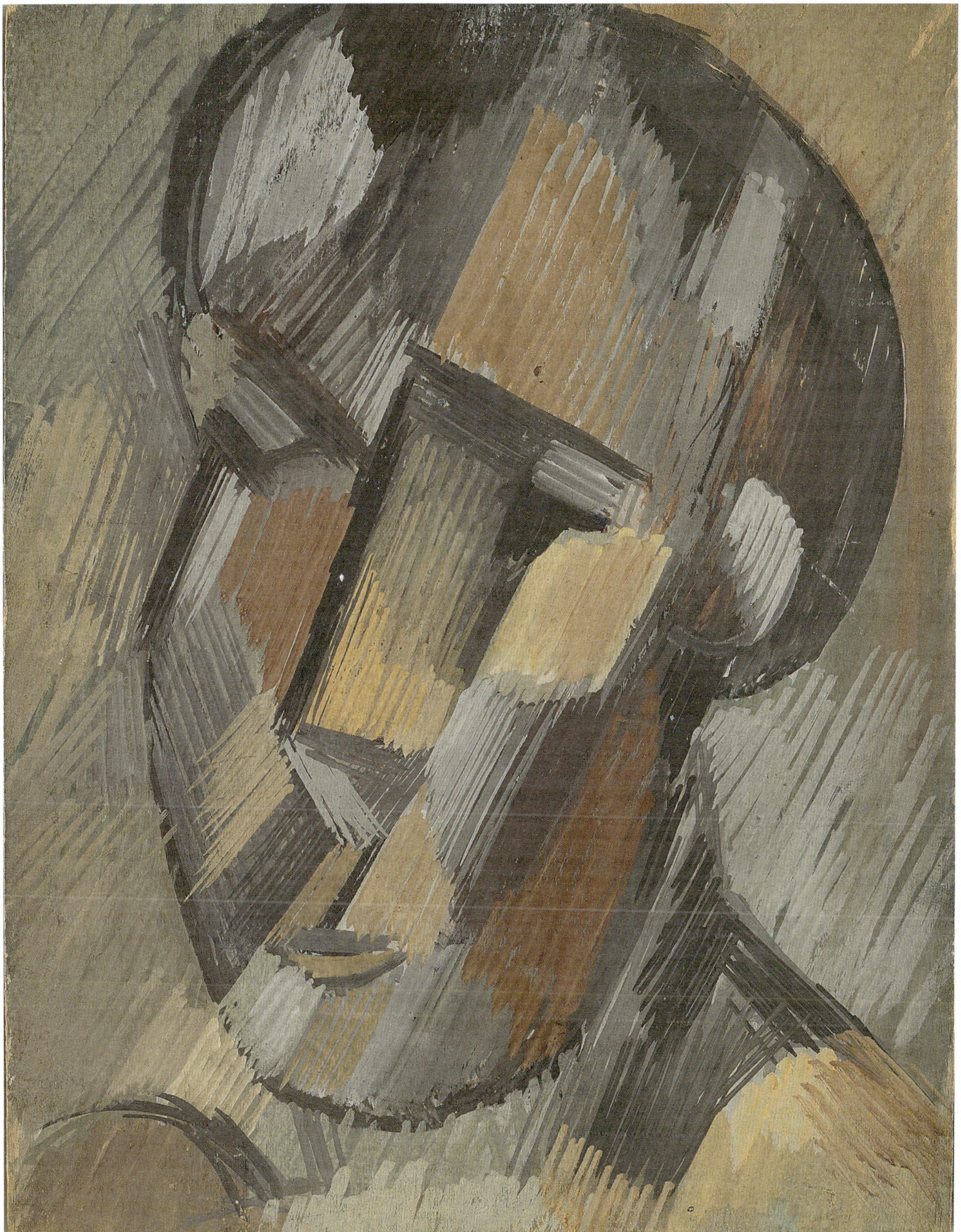

Man muss das außerordentlich würdigen, was Sie hier als nächsten Schritt sehen. Es ist ja in dem ersten Zugang nur ein Hinweis darauf, dass Picasso, als ob er es wüsste, nach Programm die Stile, die sich im 20. Jahrhundert erst entwickeln werden, durchgeht – allerdings schneller als seine Zeitgenossen – und nun etwas findet, das in dieser Radikalität noch gar nicht vorhanden ist, das wirklich eine Eigenleistung ist!

Diese Art der Darstellung teilt er auch nicht mehr mit Georges Braque im Sinne des Kubismus. Jetzt kommt er an eine Stelle, wo er das, was als Außenbildlichkeit, als Begriff vom Porträt gegeben ist, auf ein paar Elemente reduziert! Damit kennzeichnet er nun eines der ganz entscheidenden, für das ganze Jahrhundert entscheidenden künstlerischen Maßnahmen, nämlich die Reduktion auf das Element. Das wird uns im Laufe des 20. Jahrhunderts immer wieder begegnen, die Elementarisierung der Gegenständlichkeit zugunsten einer ganz neuen Erfahrung des Bildes als Bild.

Es ließe sich nun denken: Ja, das geht schon wieder auf das Porträt zu! Und so ist es auch. Wer die Darstellung so weit auf einzelne Elemente reduziert hat, hat sich die Freiheit geschaffen, alles zu machen, was er will.

Und das ist nun auch eines der Kennzeichen der Kunst Picassos: Er konnte machen, was er wollte. Er hat sich sozusagen aller Fesseln entledigt. Von hier aus kann er in seiner Art des Malens, wie auch immer er es gestalten will, wiederum auf ein individuelles Erfahren, auf Wiedererkennbarkeit zielen, also Porträtcharakter in einem ganz anderen Kontext erzeugen.

8 | Pablo Picasso, **Frauenkopf vor Bergen** (Bildnis Fernande Olivier), 1909

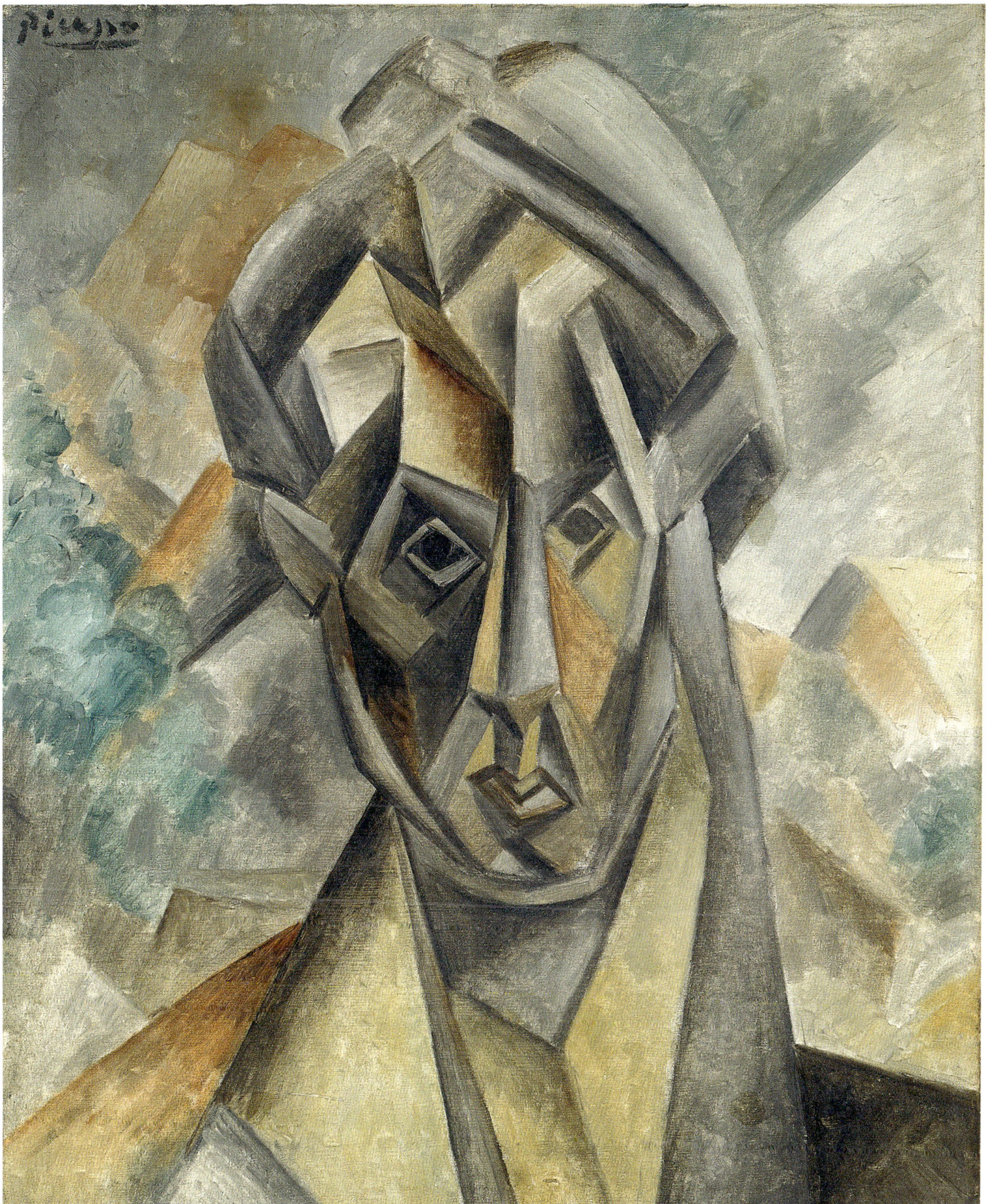

Hier das nächste Bild. So kann man natürlich auch nicht aussehen, aber das ist Jaqueline (1927–1986), die zweite und letzte Ehefrau von Pablo Picasso.

Das ist bereits wie ein Vorgriff auf das Ende des Jahrhunderts, wo sich nach einer gewaltigen Phase der reinen Gegenstandslosigkeit nun plötzlich die Vorahnung von Abbildlichkeit auf einer vollständig neuen Ebene ankündigt. Und ich möchte sagen, dieses ‚Urvieh Picasso' hat in seiner gewaltigen Gestaltungskraft auch das wie vorweggenommen, wobei man auch sagen muss, für Kenner lässt sich das sehr wohl in die Zeit einordnen. Aber man muss auch sehen, welche Qualität sozusagen prophetisch da drin steckt, nach dem Durchgang durch die sogenannte Abstraktion wieder etwas zu finden, was ein Individualbild, ein Porträt in neuer Weise erlaubt – ohne eben das Kitschbild zu sein. Ohne den Anspruch zu erheben, dass dieser Schein ausgetauscht werden könnte von der Wirklichkeit: Hier sind individuelles Begegnen und Bildbestätigung in einem vorhanden.

Und damit hat Picasso tatsächlich zu seiner eigenen Form gefunden, zu seinem eigenen Stil, indem er durch die Stile des Jahrhunderts selbst durchgegangen ist und damit auch wiederum als Künstlerpersönlichkeit rückwirkend seine Zeit gestaltet hat.

Wenn Picasso sozusagen zu sich selbst kommt, dann kommt auch das 20. Jahrhundert zu sich selbst. Das kann man nicht von jedem Künstler des Jahrhunderts sagen.

9 | Picasso, **Bildnis Jacqueline, Mougins,**
22. April bis 30. Mai 1963

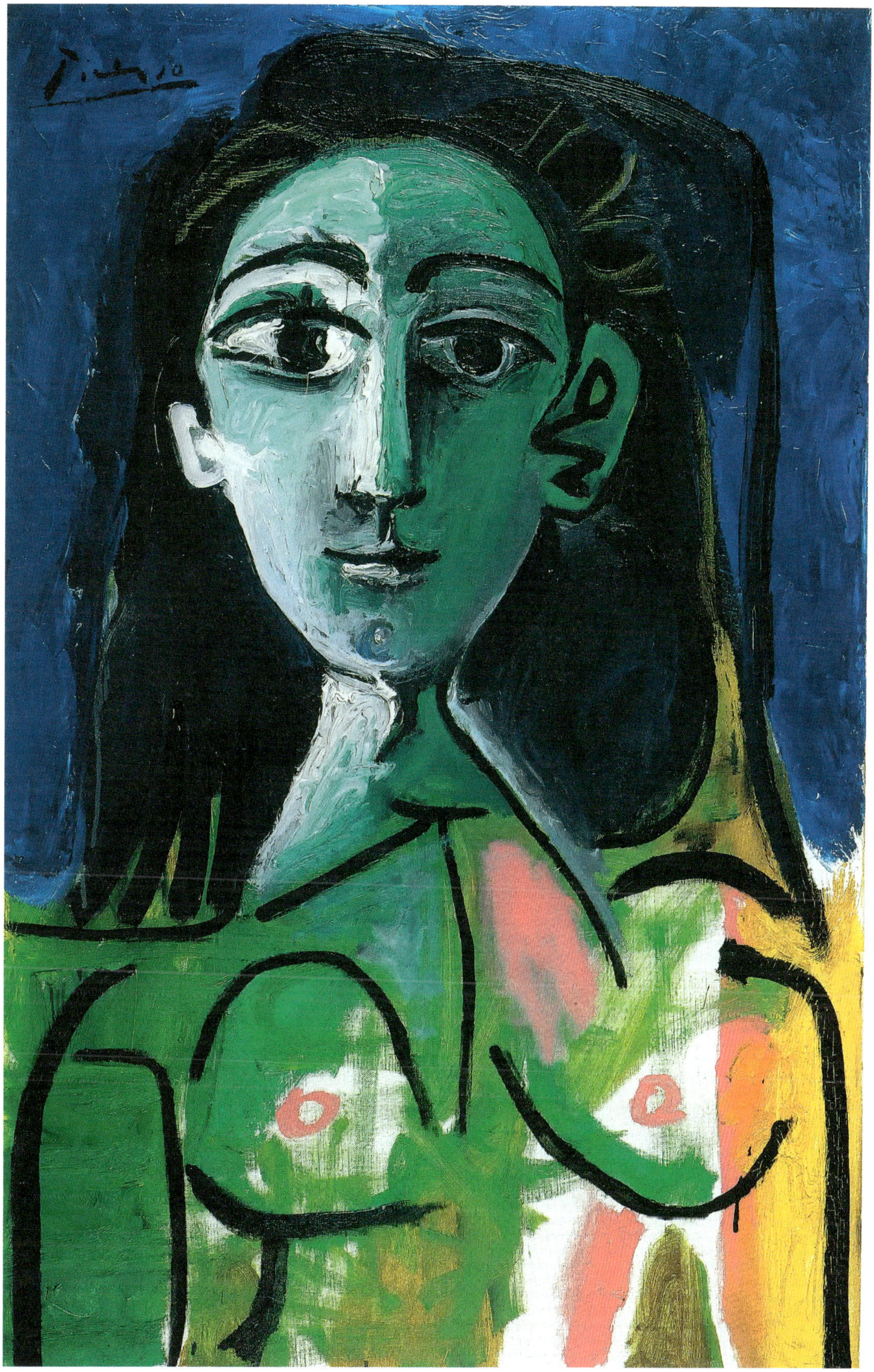

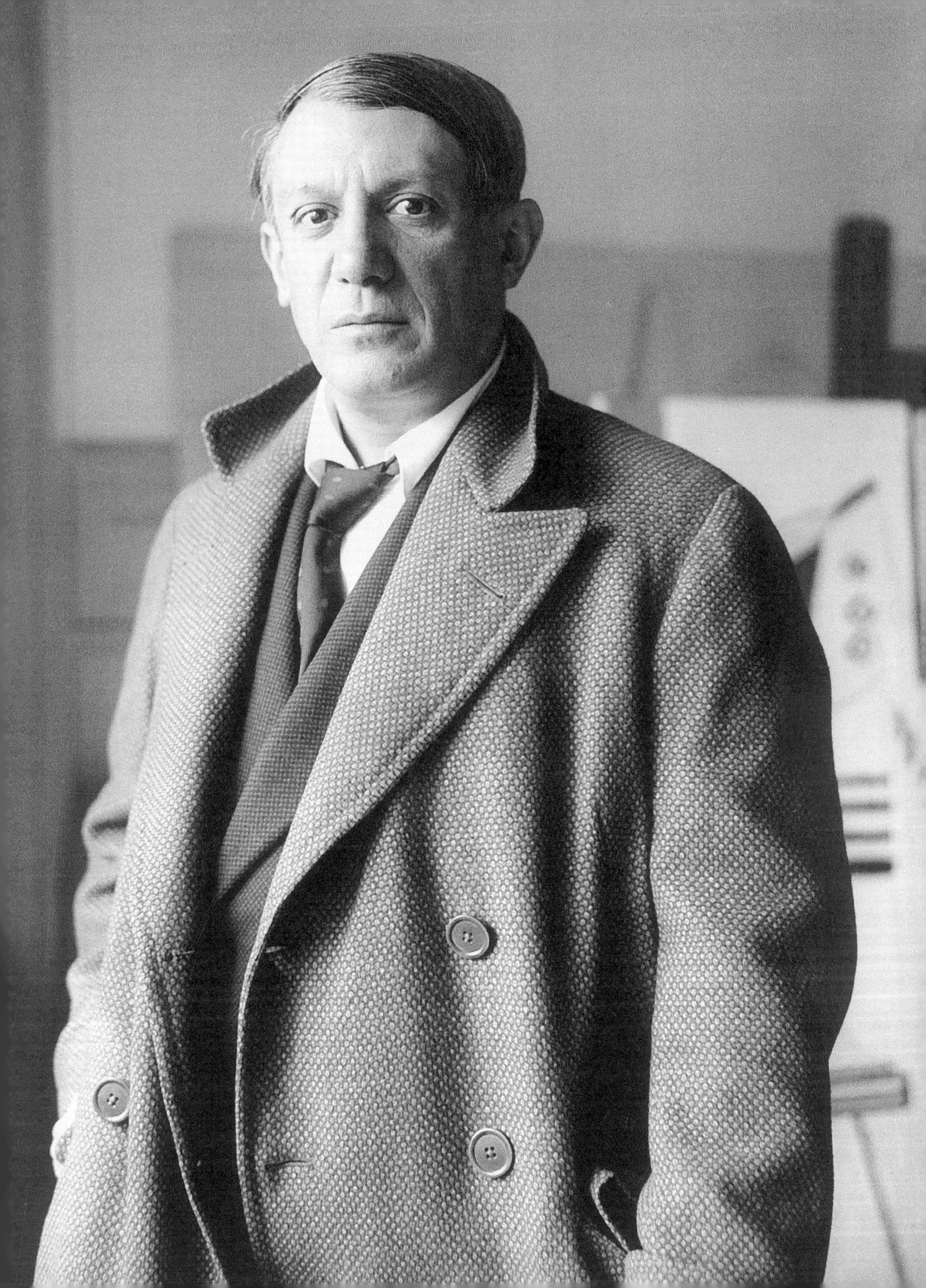

ZWEITER ZUGANG

„Ein Bild ist nicht von vorneherein fertig ausgedacht und festgelegt. Während man daran arbeitet, verändert es sich in gleichem Maße wie die Gedanken. Und wenn es fertig ist, verändert es sich immer weiter, entsprechend der jeweiligen Gemütsverfassung desjenigen, der es gerade betrachtet." [19]

Pablo Picasso

10 | Pablo Picasso, um 1928

VOM MENSCHLICHEN KÖRPER ZUM VERSTÄNDNIS VON KÖRPERLICHKEIT

Ich möchte diesen zweiten Zugang am Körper der Körper diskutieren. Wie Sie wissen, gibt es das Lied der Lieder, das Buch der Bücher – und eben auch den Körper der Körper. Und das ist die menschliche Gestalt. Sie ist das Höchste, was die Natur hervorbringt. Sie ist wie ein Exzerpt all dessen, wie die Natur sich als Gestalt zeigt. Hier finden wir alle Probleme der Farbigkeit und der Form, der Beziehungshaftigkeit, der Proportion, der Lebendigkeit. Alles das ist im Körper, im Rätsel des menschlichen Leibes beschlossen. Es ist also nicht ganz umsonst, dass die Malerei immer wieder auf dieses und nur dieses Thema zurückkam. Selbst das 19. Jahrhundert hat, wenn es sich an den schönen nackten Damen erfreute und sie immer wieder darstellte[20], damit letztlich auch die große Frage nach der Körperlichkeit in der Kunst gestellt.

Wir sehen hier eine Studie, die Picasso vor dem Besuch der Kunstschule und Akademie nach einem Gipsmodell gezeichnet hat. Beachten Sie, mit welcher Perfektion Picasso schon in so jungen Jahren die Illusion einer dreidimensionalen Körperlichkeit erzeugen konnte. Von dieser Fähigkeit ausgehend hat er später eine Transformation geleistet zu einer ganz anderen Auffassung der Welt des Körpers.

11 | Pablo Picasso, **Akademische Studie**, 1892–1893

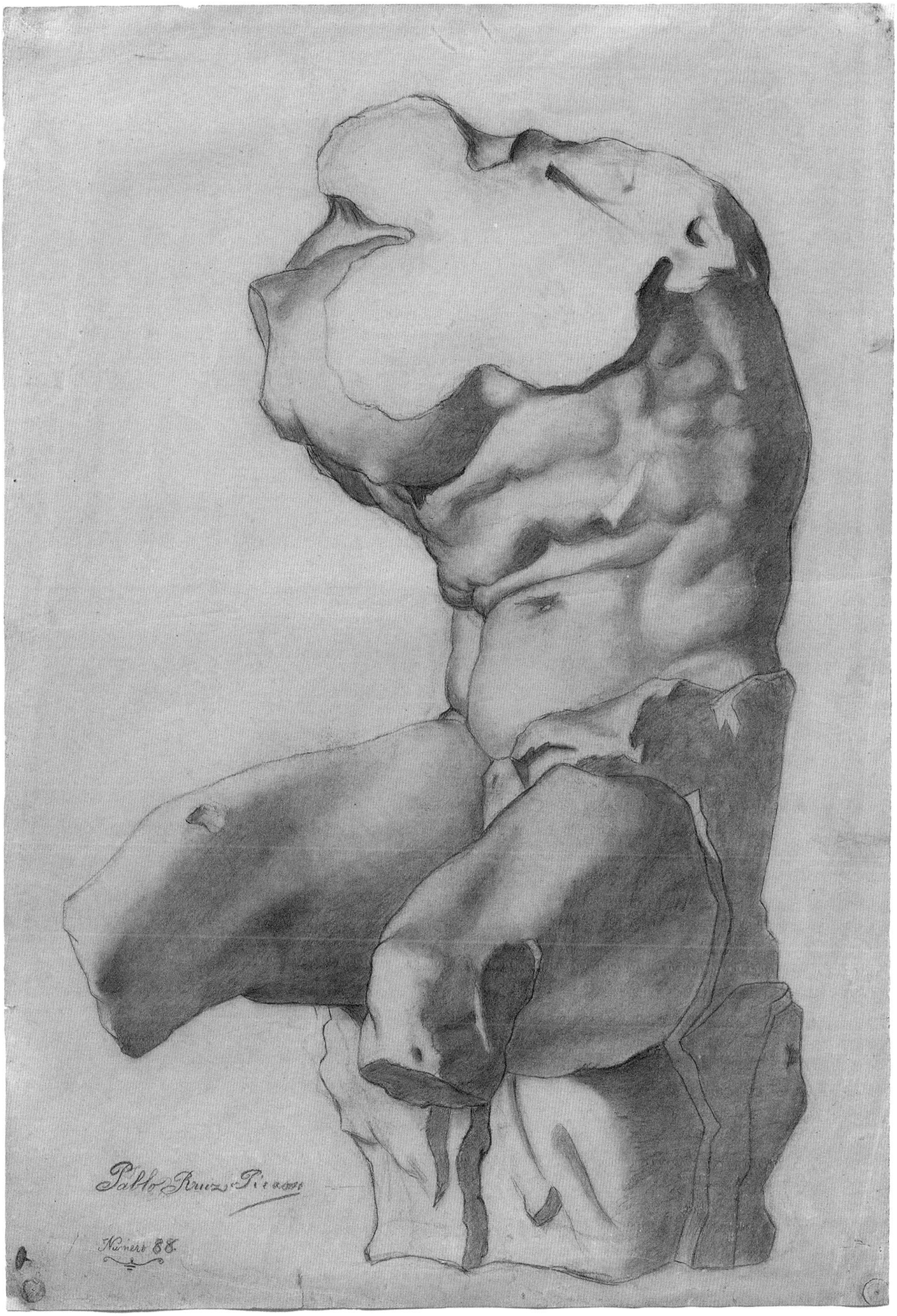
Pablo Ruiz Picasso
Número 88

„Ich konnte schon früh zeichnen wie Raffael, aber ich habe ein Leben lang dazu gebraucht, wieder zeichnen zu lernen wie ein Kind.“ [21]

Pablo Picasso

Das wird auch an diesem frühen Rückenakt deutlich, den er ein Jahr später, also mit zwölf oder dreizehn Jahren, nach einem Gipsmodell gezeichnet hat. Sehen Sie, mit welcher Treffsicherheit und höchsten Delikatesse, die ihre Vorbilder in der Renaissance suchen muss, Picasso diese Systematik von Licht und Schatten handhabt? Sie ist nicht nur sehr konsequent durchgeführt, sondern erstaunlich systematisch an diesem Körper durchgehalten.

Man muss sich bei einer solchen Darstellung immer wieder klar darüber werden, dass in der Malerei Licht und Schatten an einem Körper nicht nur da sind, um Licht und Schatten sichtbar zu machen, sondern auch, um die Illusion von Körperlichkeit zu erzeugen. Die körperliche Einheit hier ist die Einheit des Wissens zum menschlichen Körper, des Begriffs vom Körper, denn wir sehen ja nur Licht und Schatten, also Helles, Dunkles und Linien. Erst die Vorstellung führt diese Elemente zu einer Einheit und damit zu einer konsistenten Leiblichkeit zusammen. Die dingliche Einheit, die muss hier gewusst sein, doch hier merken wir es nicht, weil diese Zeichnungen unseren Begriffsgewohnheiten vollkommen entsprechen.

Betrachten Sie die Kontur, die sich auf der linken Seite als Schattengrenze gegen den hellen Hintergrund abhebt und dann in eine einzelne Linie übergeht. Wenn Sie diese einzelne Linie rechts nicht nur als Körpergrenze sehen, sondern für sich betrachten, dann können Sie würdigen, was dieser Maler in den Fingern hatte: Sehen Sie, dass allein diese Linie in der Lage ist, Körperlichkeit als Volumen mit ins Bewusstsein zu heben?

Das ist also der Ausgangspunkt und wir sehen schon im nächsten Bild, wie Picasso sich radikal davon entfernt hat.

—

12 | Pablo Picasso, **Studie eines Torsos**, 1893/94

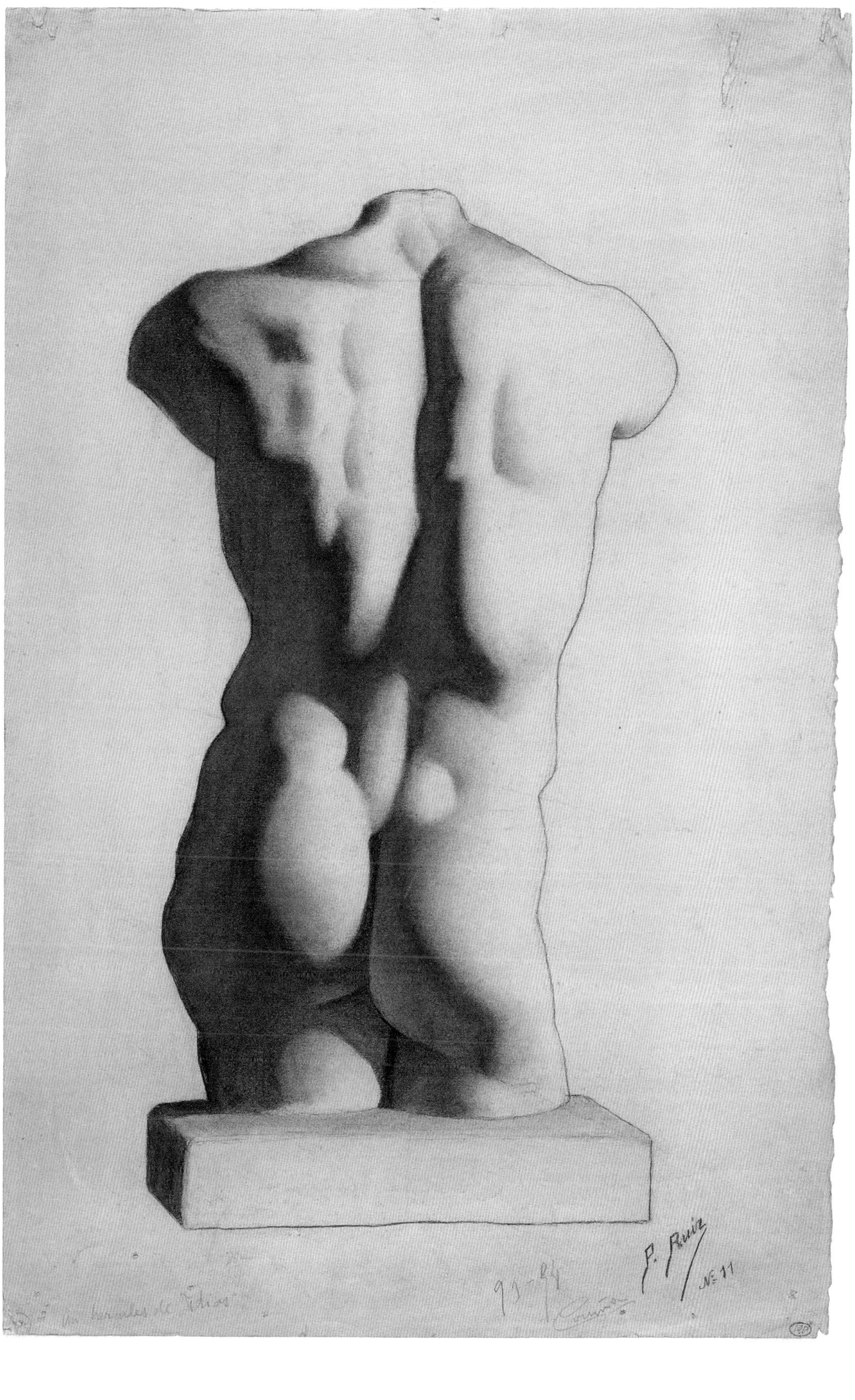
P. Ruiz
Nº 11

Sie können sich vorstellen, dass dieses Bild heute immer noch eine Art Gefühl auslösen kann, als ob einem der Stuhl unter dem Gesäß weggezogen würde, insofern als nun das, was die Gestalteinheit in der frühen Zeichnung war, wie zu entfallen scheint. Einzelne Partien scheinen wie aus dem Zusammenhang des Körpers herausgelöst. Der Kopf – er sieht aus wie eine Art herausgesetzter Zylinder –, der Arm, die Brust vereinzeln sich, die Mandoline hat keinen dinglichen Bestand mehr, man weiß wohl, dass sie einen Bauch hat und einen Hals, der oben wie angeknickt ist – alles setzt sich irgendwie zusammen, aber es kommt nicht zu geschlossenen Volumina. Es ist so gemacht, dass man den Eindruck hat, jeweils ein partielles Raumglied wird wie ein Element aufgedeckt; aber es geht dann doch wieder in die Umgebung über, die Teile sind nie so, dass sie sich ganz ablösen, immer eine Stelle gleitet in den Zusammenhang des Umfeldes über und man merkt: da geht etwas verloren. Das ist durchgängig, das scheint Absicht zu sein. Und das nennt man auch: *zerstören*. Die Einheit des Bildes, so hat man es im 20. Jahrhundert auch empfunden, ist zerstört.

Besonders ein bedeutender Kunstwissenschaftler Hans Sedlmayr (1896–1984) hat dieser zunächst so empfundenen Zerstörung ein großes Buch mit dem Titel *Verlust der Mitte* [22] gewidmet, das viel Staub aufgewirbelt hat, weil es die abendländischen Kulturerwartungen im Sinne eines Schwanengesanges bestätigt hat. Nach Sedlmayr ist die Mitte die Idee der Sache. Und er sah es so, wenn die Idee nicht mehr alles zusammenhält, zerbröselt alles, dann geht die „spirituelle Substanz" der Kunst verloren und man hat nur noch ein Aggregat voller nicht mehr zu bewältigender Einzelwahrnehmungen. Diesen Zerstörungsprozess lastete Sedlmayr der modernen Kunst an und er musste sie deswegen verdammen. Es wird deutlich, seine Kritik zielt auf den Verlust der Einheitsvorstellungen, die wir aus langer Kulturtradition bis zum Ende des 19. Jahrhunderts mit uns herumgetragen haben und die uns zuweilen noch heute besetzt halten – ich meine rein ästhetisch gesehen.

13 | Pablo Picasso, **Mädchen mit Mandoline** (Fanny Tellier), 1910

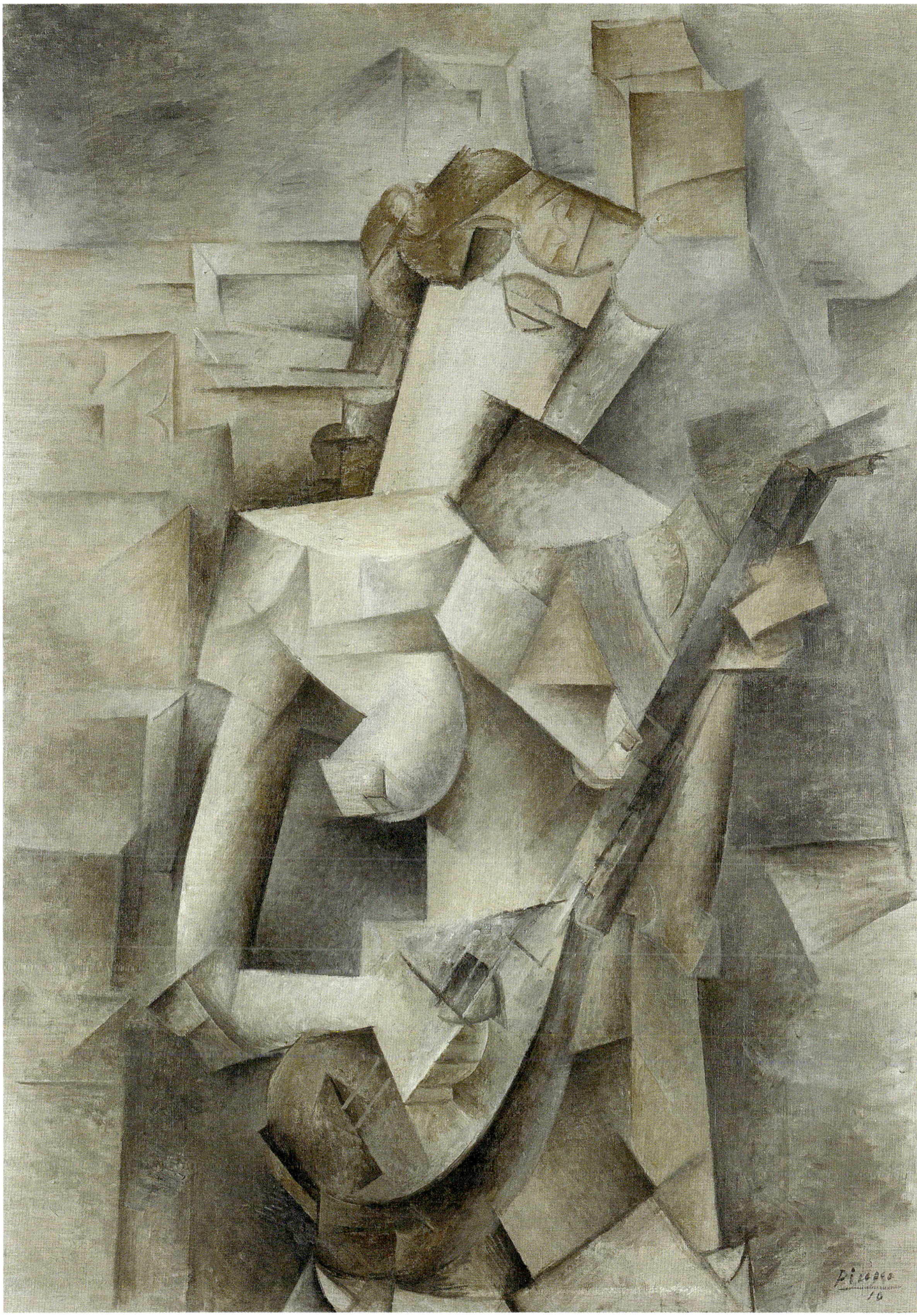

„Man hat den Kubismus mathematisch, geometrisch, psychoanalytisch zu erklären versucht. Das ist pure Literatur. Der Kubismus hat plastische Ziele. Wir sehen darin nur ein Mittel, das auszudrücken, was wir mit dem Auge und dem Geist wahrnehmen …"[23]

Pablo Picasso

Im nächsten Bild sehen wir, wie dieser Prozess von Picasso in einer ganz deutlichen Prägnanz methodisch vorangetrieben wird. In Zusammenarbeit mit seinem Freund Georges Braque kommt er also zu diesen Formen, in denen das, was als Gegenstand erkannt werden kann, sich völlig aufzulösen scheint. Die Raumelemente, die Volumina der Figur werden zerteilt, es gibt nur noch einzelne Teile. Und trotzdem können Sie, wenn Sie dieses Bild länger ansehen, interessante Beobachtungen machen: Betrachten Sie zum Beispiel einmal dieses Teilstück in der Mitte des Bildes: Ist das rein flächig? Vielleicht bemerken Sie, dass das wie der Einblick in eine Dachrinne ist. Und so können Sie überall sehen, partiell werden durch alle Kugeln, Dreiecke und Pyramiden Hohlräume eröffnet. Die haben nun aber wiederum in sich selbst keine ganz bestimmte Determination. Denn wenn Sie eine Zeitlang zum Beispiel auf dieses zunehmende oder abnehmende Weiß gucken, wenn Sie diesen Übergang, der ja ein reiner Flächenwert ist, länger betrachten, dann können Sie ihn hohl sehen. Sie können ihn aber auch plötzlich plastisch, also konvex sehen, sodass er sich nach außen wölbt.

Wir kommen wieder an diese merkwürdig ambivalenten Strukturen. Wenn Sie sich in Köln im Museum Ludwig mal ein Stündchen Zeit nehmen, dann können Sie in Ruhe beobachten, wie dieses Bild zuerst wie ein Sammelsurium von Einzelformen wirkt, im längeren Betrachten aber außerordentlich lebendig wird, weil Sie anfangen Ihre Auffassungen von Raumtiefe und Volumen ständig zu wechseln und gegeneinander auszuspielen, sodass es immer komplexer, immer lebendiger, immer unüberschaubarer wird.

An dieser Stelle möchte ich nur zum Spiel etwas machen, was dem Bild vielleicht schon gar nicht mehr gerecht wird, ich sage jetzt doch mal den Titel dazu.

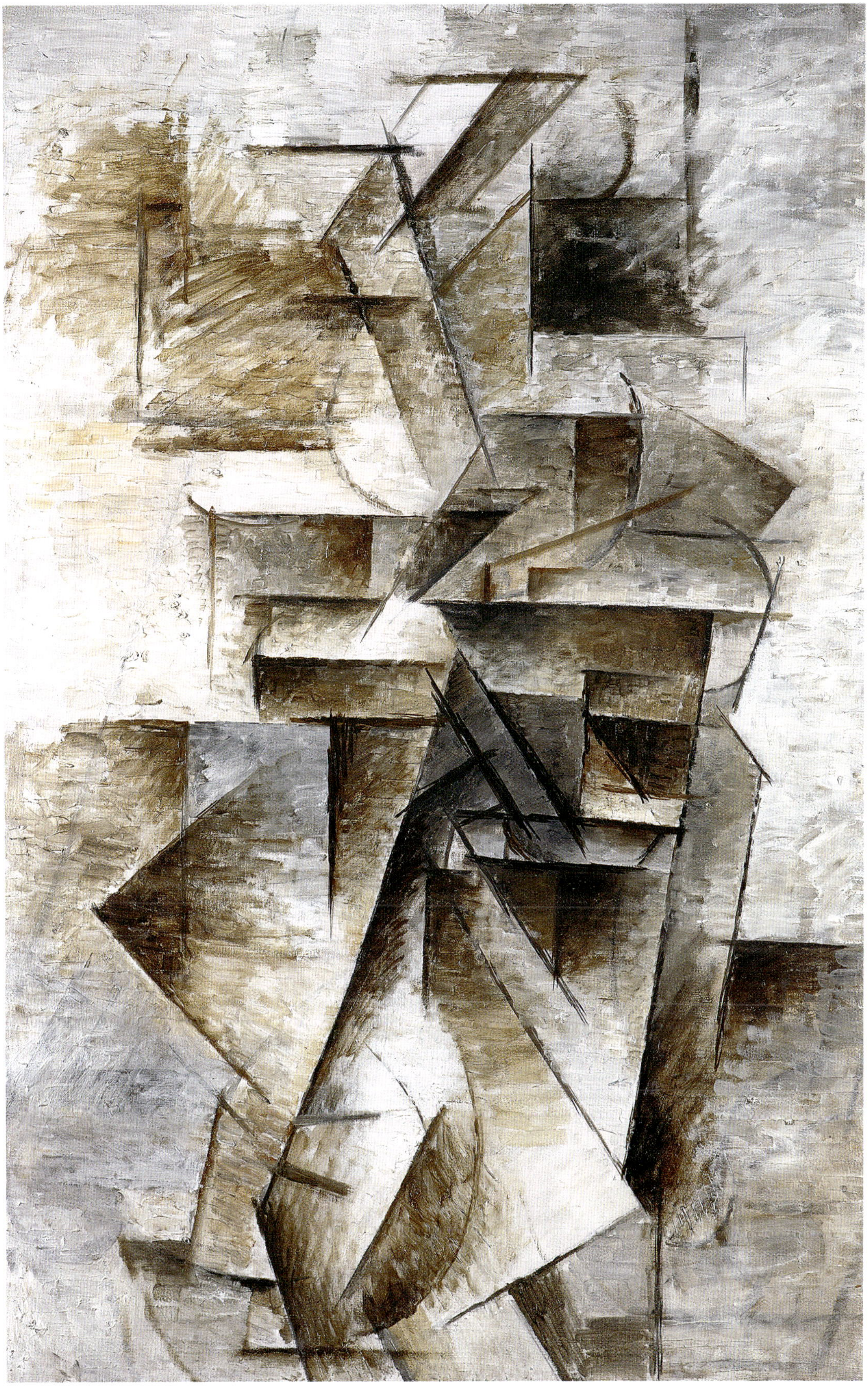

Beobachten Sie – falls Sie noch nicht wissen, was das ist, was Sie sehen –, was sich in Ihnen abspielt, wenn Sie den Titel hören: *Frau mit Mandoline.* Es ist für mich ganz wesentlich, dass Sie, wenn Sie dieses Selbstexperiment durchführen, bemerken, was dann eintritt. Und ich möchte nur pars pro toto, weil mir anderes noch wesentlicher ist, darauf hindeuten, dass beim Hören oder Lesen des Titels nun das zunächst wie Unbeurteilte, das räumliche oder quasi räumliche Gebilde, das sich im Sehen ständig selbst umzudeuten scheint, nun von uns auf eine konkrete Vorstellung hin gedeutet wird. Man fängt an zu suchen: Was im Bild ist Frau, was ist Mandoline – naja, da müssen ja Merkmale da sein, die brauche ich nicht im Einzelnen zu nennen. Auf diese Weise fängt man an, in das wie Aufgelöste etwas hineinzubringen, indem man nach einem Sinn sucht, durch den das Vielerlei doch auch eine Einheit wird. Diese Einheit aber ist – nicht mehr wie etwa bei dem Rückenakt –, als Vorbegriff in dem Bild gegeben, sondern nur der Betrachter selbst kann sie hinzubringen. Was diese Bildstruktur durch ihre auflösende Tendenz bewirkt, ist also eine Art Aufgabe an den Betrachter, indem er, was dort sozusagen auseinandergelegt ist in einzelne Elemente, nun selbst einheitsstiftend zusammengreift: Sei es durch den Leitbegriff *Frau mit Mandoline* oder sei es, dass er diesen Leitbegriff fallen lässt und im Sehen eine Art bildliche Ordnung – oder vielleicht auch eine klangliche Ordnung – in diese scheinbare Unordnung hineinträgt. Das Wissen, das uns durch die Kenntnis des Titels zukommt, organisiert also unsere Wahrnehmung neu. Wir nehmen das zum Anlass, eine Einheit im Bild zu stiften – auf Kosten der produktiven Uneindeutigkeit des Sehens. Der Betrachter kann diesen Prozess des Übergangs vom Gegenstandslosen zum Gegenstand, indem er mitbestimmt, inwieweit der im Titel gegebene Begriff die Wahrnehmung beeinflusst, selbst gestalten. Das Sehen ist dann nicht „Auffassung“, sondern kann selbst als schöpferischer Prozess wahrnehmbar werden.

Damit wird dem Betrachter eine ganz andere Rolle zugewiesen, als er sie angesichts des Porträts der Mutter innehat. Es geht nicht um einen Vergleich zwischen Bild und Wirklichkeit, es geht darum, eine wie zerstreute Räumlichkeit als Aufforderung zu begreifen, die einzelnen Teile im Blick des Betrachters als eine Einheit wieder in sich zusammenzuführen. Die Einheit ist natürlich in dem Gebilde selbst als Chance angelegt, aber das Gebilde nimmt es dem Betrachter nicht ab, das als Einheit zusammen zu sehen. Und wer das nicht leistet, für den bleibt das ein Aggregat von Einzelelementen. Insofern ist hier auch schon ein ganz neues Element gegeben, nämlich den Betrachtenden einzubeziehen in die Sinnleistung, in das Einheitsstiften der Bildgestalt. Das wird ihm nicht mehr einfach mitgeliefert.

42 | Pablo Picasso, **Frau mit Mandoline** (Details), 1910

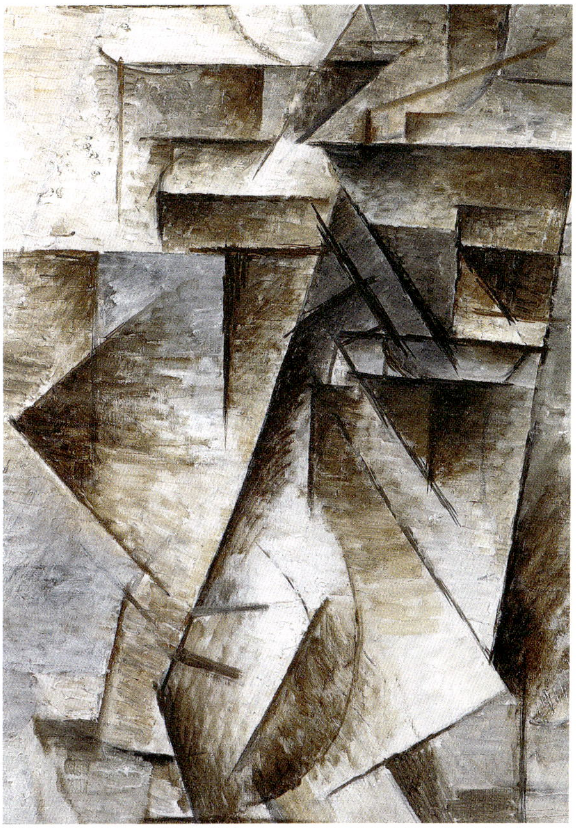

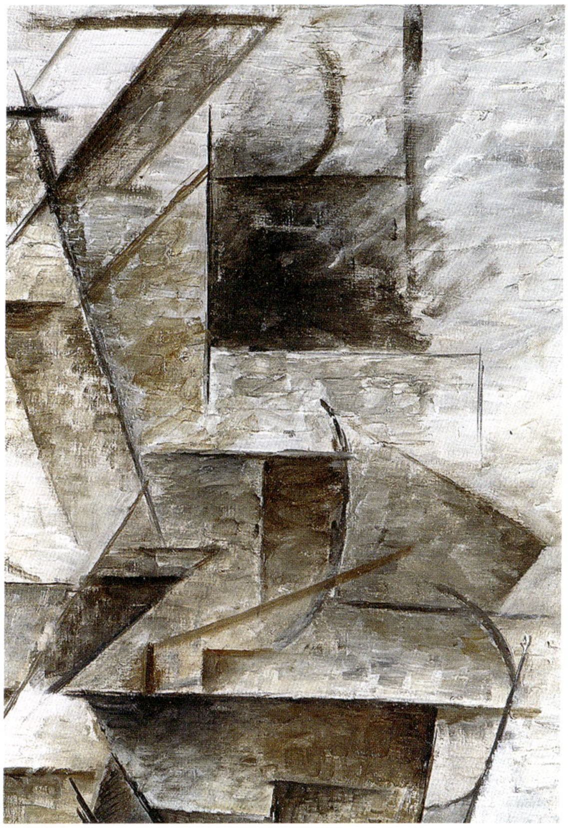

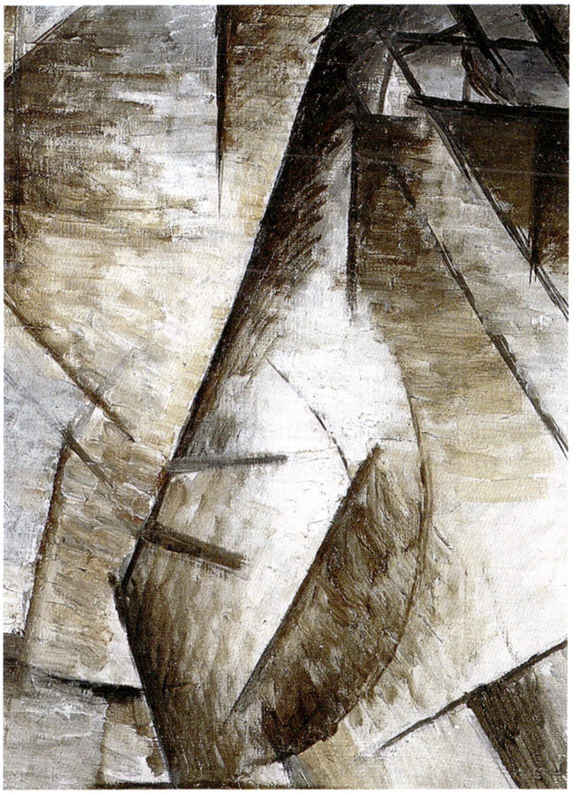

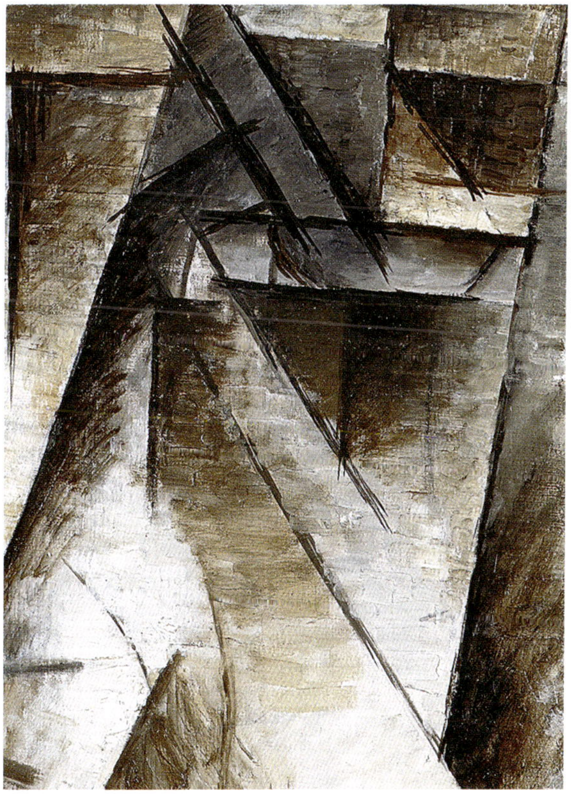

„Etwas Heiliges, das ist es.
So etwas wie dieses Wort müsste man sagen können,
doch die Leute würden es falsch verstehen in einem Sinn, den es nicht hat.
Man müsste sagen können, dass dieses oder jenes Gemälde so ist,
wie es ist, in seiner Kraft, weil es ‚von Gott berührt' sei.
Doch die Leute würden es missverstehen.
Und doch kommt es der Wahrheit am nächsten.“[24]

Pablo Picasso

Jetzt gehen wir einen Schritt weiter. Wir haben gesehen, dass hier eine Art Raumskelett durch die Konzentration auf die verschiedenen Aspekte von Volumina entstanden ist, die sich gegenseitig umgedeutet haben.

Nun geht Picasso nahtlos über in eine ganz andere Art der Darstellung von Körperlichkeit. Natürlich hat man auch hier sein mitgebrachtes Wissen und weiß sofort, oder glaubt zu wissen, was hier dargestellt ist. Der Titel ist: *Sitzender weiblicher Akt sich den Fuß trocknend.*

Nur fällt auf, dass diese Gestalt – gemessen an dem, was Sie sehen, wenn Sie sich umblicken – etwas voluminös ist, vielleicht gerade auch dort, wo das Volumen bei sogenannten starken Persönlichkeiten dann doch nicht so groß ist, nämlich bei den Fingern und bei den Füßen. Das macht da nicht halt. Und wenn man sich nicht gleich befremdet abwendet, sondern sich einlässt auf das, was man sieht, dann kommt etwas ganz anderes zustande. Offenbar ist ja doch die Einheit einer menschlichen Gestalt jetzt wieder zugelassen als Vorbegriff, aber sie kann sich nun nicht erfüllen mit dem, was man so kennt als Schönheitsideal, als Wissen um die schöne Gestalt. Es ist so, als ob das alles im Gegensatz zu der reinen Skelettform, den Einzelformen, hier wieder wie zusammengefasst ist. Und zwar so zusammengefasst, als ob mehr „drumrum“ ist als man normalerweise sieht.

15 | Picasso, **Sitzender weiblicher Akt sich den Fuß trocknend**, 1921

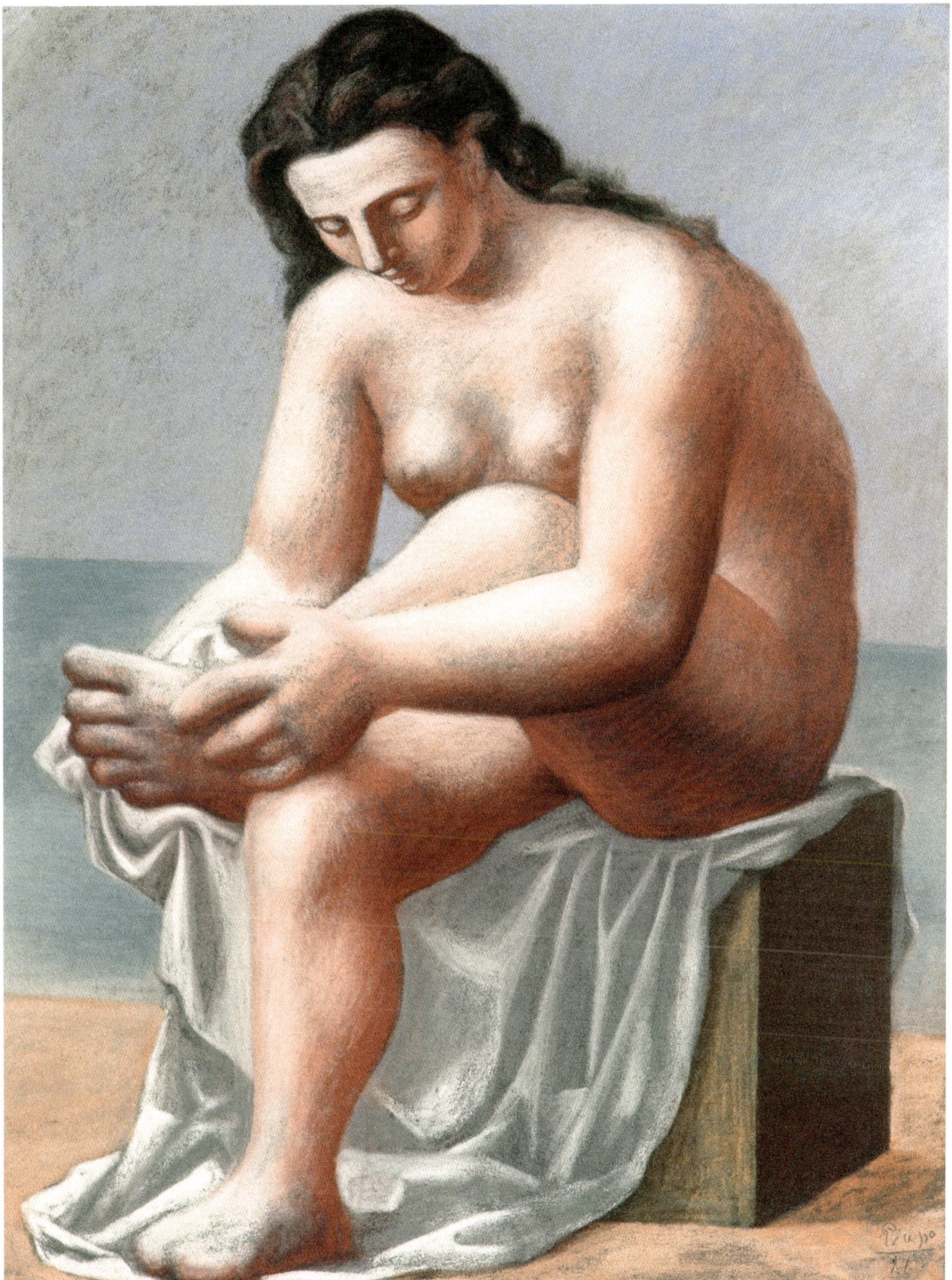

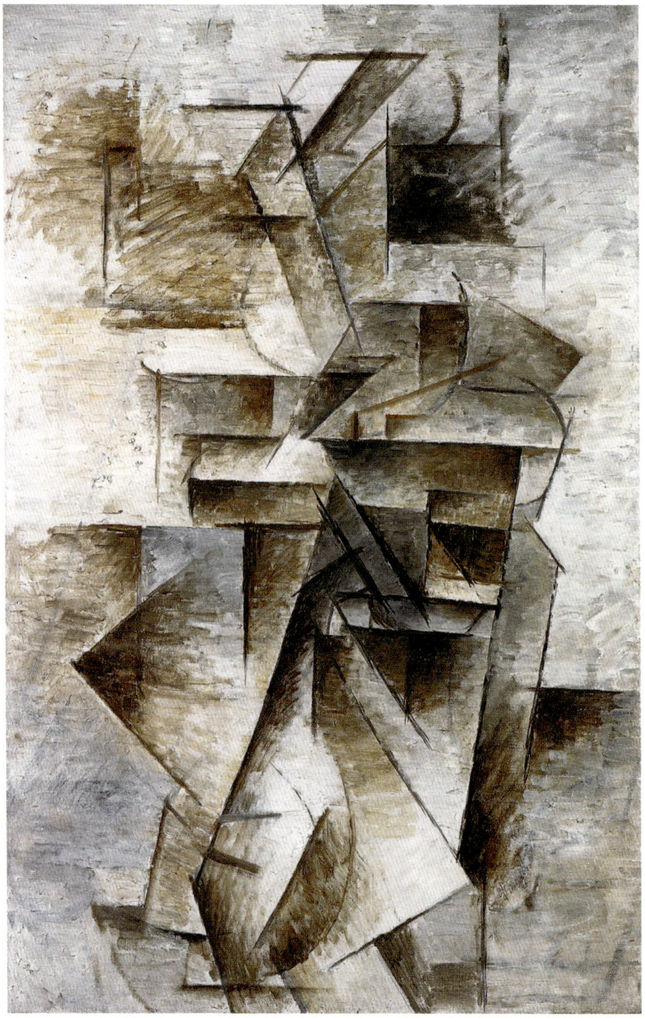

Wir haben ja die schöne Angewohnheit uns zu bekleiden. Und wenn wir beobachten, was Kleidung ist, lässt sich feststellen, dass sie auch Ausdruck ist. Es ist auch ein Versuch, das, was als menschliche Gestalt da ist, nun so zu erfassen, dass es der Umgebung wie eine Art erste menschliche Umgebungsgestalt erscheint. Wenn ein Mann einen Schlips trägt, dann ist das sozusagen nur der letzte Rest eines farbigen Ausdrucks seines Wesens, um die Grenze zwischen sich und dem, was ihn umgibt, zu gestalten. Aber auch diese intellektualisierten farbigen Reste der Kleidung beim Mann, die überhaupt gar keine Funktion haben, außer dass sie am Jackett dran sind, nimmt man gar nicht mehr ernst. Frauen haben dagegen mit Tüchern, Kleidern oder Röcken noch ganz andere Möglichkeiten der Gestaltung dieses Übergangs von sich zur Umwelt. Man zieht sich an, weil man meint, das sei halt so. Und da ist trotzdem etwas, was der Mensch um sich herum braucht, auch um sich in seiner Körperlichkeit wohl zu fühlen. Es geht nicht darum, dass Sie sich zusammenschnüren und den Gürtel immer ein Loch enger schnallen, als es eigentlich möglich ist, sondern dass da in der Kleidung etwas „Umhaftes", den Körper Umgebendes ist.

Das wird nicht nur dadurch mitgegeben, dass die Kleider gezeigt werden, sondern weil der Körper sich selbst umkleidet mit dem, was sinnvollerweise in dem Kleid zum Ausdruck kommt. Eine Art Wärmehülle, die um das Körperliche herum ist, an der der Eindruck von Volumen eigentlich entsteht. Es sind nicht nur die Kanten und Grundstrukturen – wie Kreis, Zylinder, Dreieck und dergleichen –, welche wir entdecken, sondern wir entdecken auch, dass das tastbar und dadurch natürlich sehr anregend ist. Dass also das Berührungshafte nun hier mit dem Blick plötzlich möglich wird.

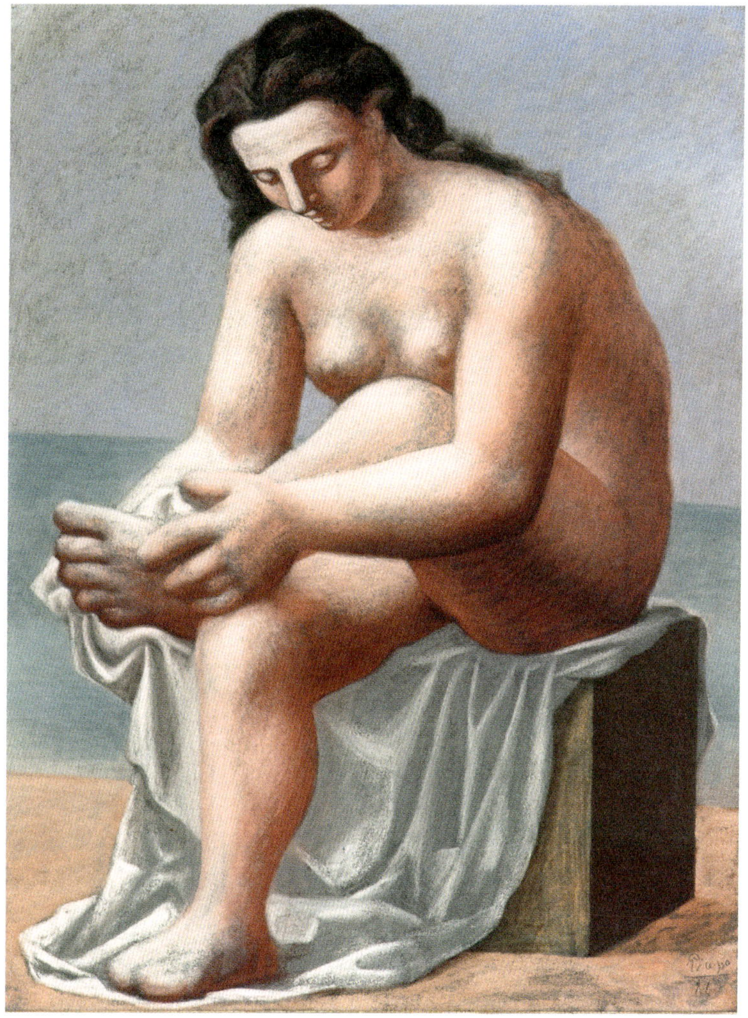

Versuchen Sie einmal vom Kopf her die Rundung, welche die Schulter-Rücken-Linie bildet, mit dem Blick zu begleiten (siehe nächste Doppelseite). Oder versuchen Sie, sich allgemein in diesem Gebilde anschauend zu bewegen. Versuchen Sie dasselbe auch einmal im Vergleich mit dem vorherigen Bild. Sie spüren vielleicht, dass das anders ist. Hier ist sozusagen „der Architekt" im Blick angesprochen. Wenn Sie jedoch zum nächsten gehen, wird im Blick eher „der Plastiker" angesprochen. Da entsteht eine Art Rundlichkeit in der Blickerfahrung.

DER PLASTIKER IM BLICK

„Du kannst deine Gedanken den Leuten nicht aufzwingen, wenn keine Beziehung zwischen deiner Malerei und dem besteht, was sie zu sehen gewohnt sind.“ [25]

Pablo Picasso

Nun lässt Picasso im nächsten Schritt, wie wir es an diesem Bild sehen, das Gegenständliche ganz wegfallen. Es ist nicht mehr nötig, diese Seherfahrung an einer explizit weiblichen Körperlichkeit entstehen zu lassen. Im Sich-Hindurch-Bewegen durch das Rundliche kann das Plastische plötzlich unmittelbar zur Erfahrung werden. Wenn Sie Ihren Blick zum Beispiel an dem Gebilde rechts oben ansetzen und weder an der Kontur nach links noch rechts entlanggehen, sondern einfach versuchen, Ihren Blick über das ganze Gebilde nach unten durchzuziehen, was passiert dann? Wie fühlt sich das an? Bemerken Sie, was eintritt?

Dieses Rundliche ist sehr stark, man kommt damit gar nicht zu Ende. Immer eine Rundung schließt an die andere an, es ist wunderbar. Wie fühlt sich das an? Was passiert da? Können Sie das mit Ihren Händen vielleicht darstellen?

Es kann ein Hin und Her wahrnehmbar werden, das durch Ausweitung, Zusammenziehen und dann wieder Ausweiten verbunden wird. Diese Rhythmisierung der Schwingungen ist eine ganz wichtige Blickerfahrung. Da entsteht etwas, das sich wie Ausdehnen und Zusammenziehen erleben lässt. Und wenn Sie das nun mit den Hell- und Dunkelwerten zusammennehmen – dort wo das Helle geneigt ist, sich uns entgegen zu bewegen und das Dunkle sich zurückzieht –, wenn Sie das zusammen sehen, können Sie einen schwingenden Rhythmus zwischen großen und kleinen Volumen erleben. Durch die unterschiedlich großen Volumina werden Sie in einen bestimmten Blickduktus hineingeführt. Das Bild ermöglicht Ihnen elementare Raumerfahrungen – Herantreten und Zurückweichen – als Phänomene eines aktiven Sehprozesses.

Wie nun hier durch ein Weglassen aller erkennbaren Gegenstände – es ist egal, wie das jetzt heißt –, etwas so gestaltet ist, dass ich am Bild eine primäre Raumerfahrung durch das Auge haben kann, eine Raumerfahrung im Sinne der Körperlichkeit, so kann ich, wenn ich meine Augen in Bewegung bringe und von der Darstellung anregen lasse, beobachten, wie sich das Gebilde tendenziell wie aufbläst oder tendenziell wieder zusammenzieht. Ein ruhendes Körpervolumen, ein Wissen von einer so und nicht anders gegebenen Gestalt werden wir in diesem Gebilde nicht sehen können. Und wenn man es sehen will, sieht es sofort schrecklich aus. Denn dann ist es ein Ding, das so sperrig ist, dass es sich eigentlich nicht ins Auge fügt.

16 | Pablo Picasso, **Sitzender Akt**, 1933

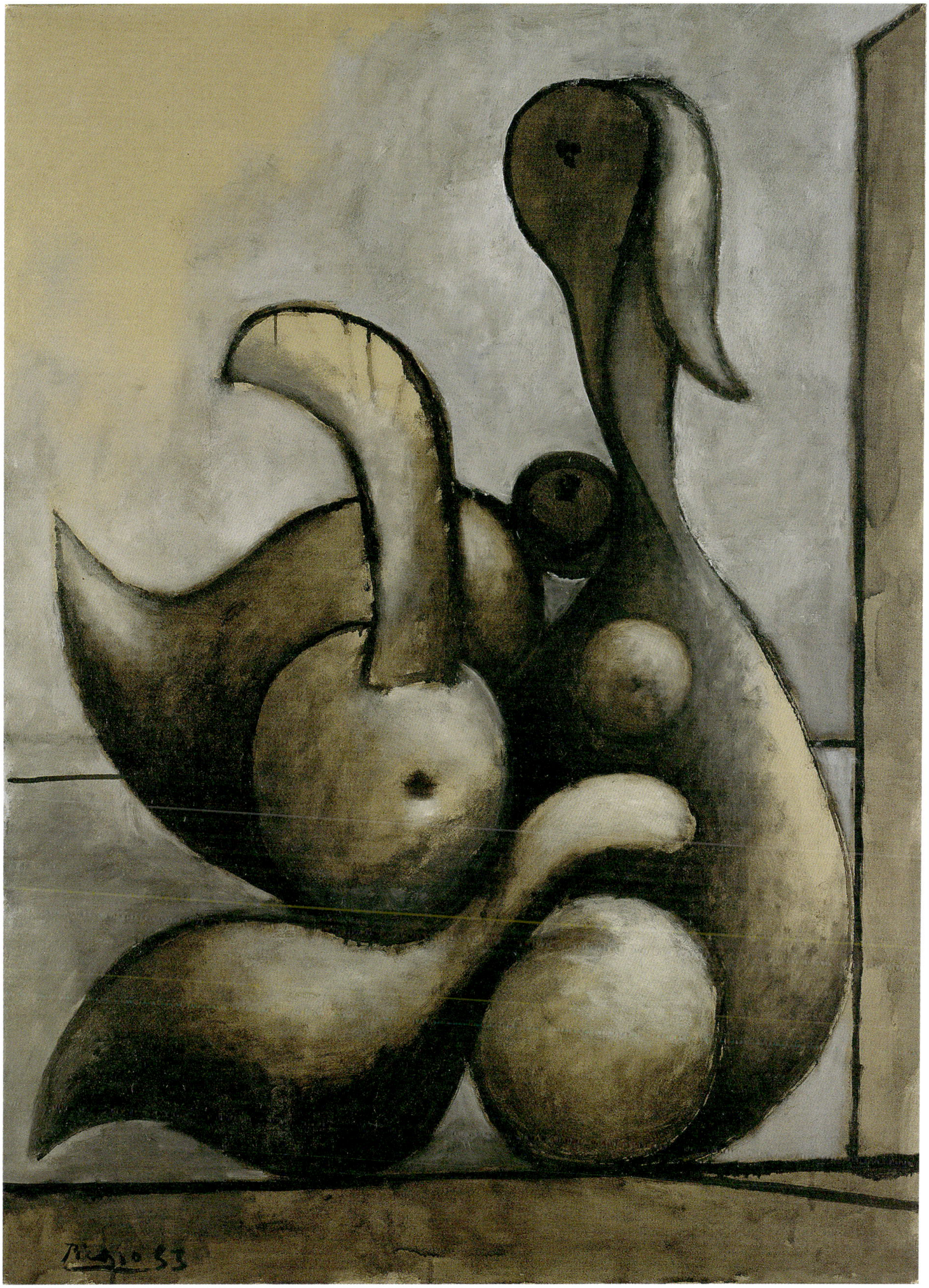

Auf diesem Wege kommen wir auch schon wieder in ein nächstes Element hinein. Nun fragen Sie sich mal blitzschnell, wie es Ihnen mit diesem Gebilde hier geht. Das darf nicht lange dauern, sonst problematisiert man das.

„Es ist verwirrend." Warum ist das verwirrend? „Man verwechselt vorne und hinten." Aber offenbar an ein und demselben Ding. „Beim Betrachten könnte man meinen, es handle sich um zwei Personen und viele Perspektiven." „Man bekommt das Gefühl, als würde sich die Person umdrehen."

Was geschieht, wenn man von links hinblickt? Halten Sie sich die rechte Seite zu und blicken nur auf diese Seite. Versuchen Sie dasselbe auch einmal mit der rechten Seite.

Und wie kommt es denn zu dieser Frau in Ihrer Vorstellung? Es ist eben ganz interessant, dass man hier nicht mehr nur auf eine dingliche Einheit abzielt. Vielmehr hat man das Vorwissen und erkennt an einem Teil immer noch das Ganze. So lässt sich sagen, dass es entweder zwei Figuren sind, oder ein und dieselbe unter zwei Aspekten.

Sie bemerken, dass diese Gestalt, gerade indem sie verschiedene Perspektiven auf sich eröffnet, wie unter der Bedingung von Zeit gesehen wird, als ob sie in Bewegung wäre und ich aus dieser Bewegung zwei Stellungen herausfiltriere und vereine, weil ja eine Gestalt, die sich bewegt, eine Einheit bedeutet, die sich ständig unter anderen Perspektiven zeigt.

Unter Umständen verbleibe ich also nicht mehr nur in der Idee, sondern komme in einen Prozess. Es werden hier mindestens zwei Elemente aus einem Bewegungsprozess miteinander verbunden, nämlich die Wendung der Person nach rechts und der starre Blick aus dem geteilten Gesicht nach vorne. Diese zwei Elemente erscheinen zusammen als eine Art Doppeldeutigkeit und ein Janusgesicht kommt zum Vorschein.

Sie können sich vorstellen, welche Zumutung das für die Zeitgenossen damals noch war, als solche Bildlichkeiten dann tatsächlich mit aller Macht aufkamen. Hier kann man sich nicht damit retten, dass man sagt, dass das eben abstrakt sei, sondern hier ist das Ungemütliche, dass es in dieser janusköpfigen Weise auftritt.

17 | Pablo Picasso, **Frau mit Artischocke**, 1941

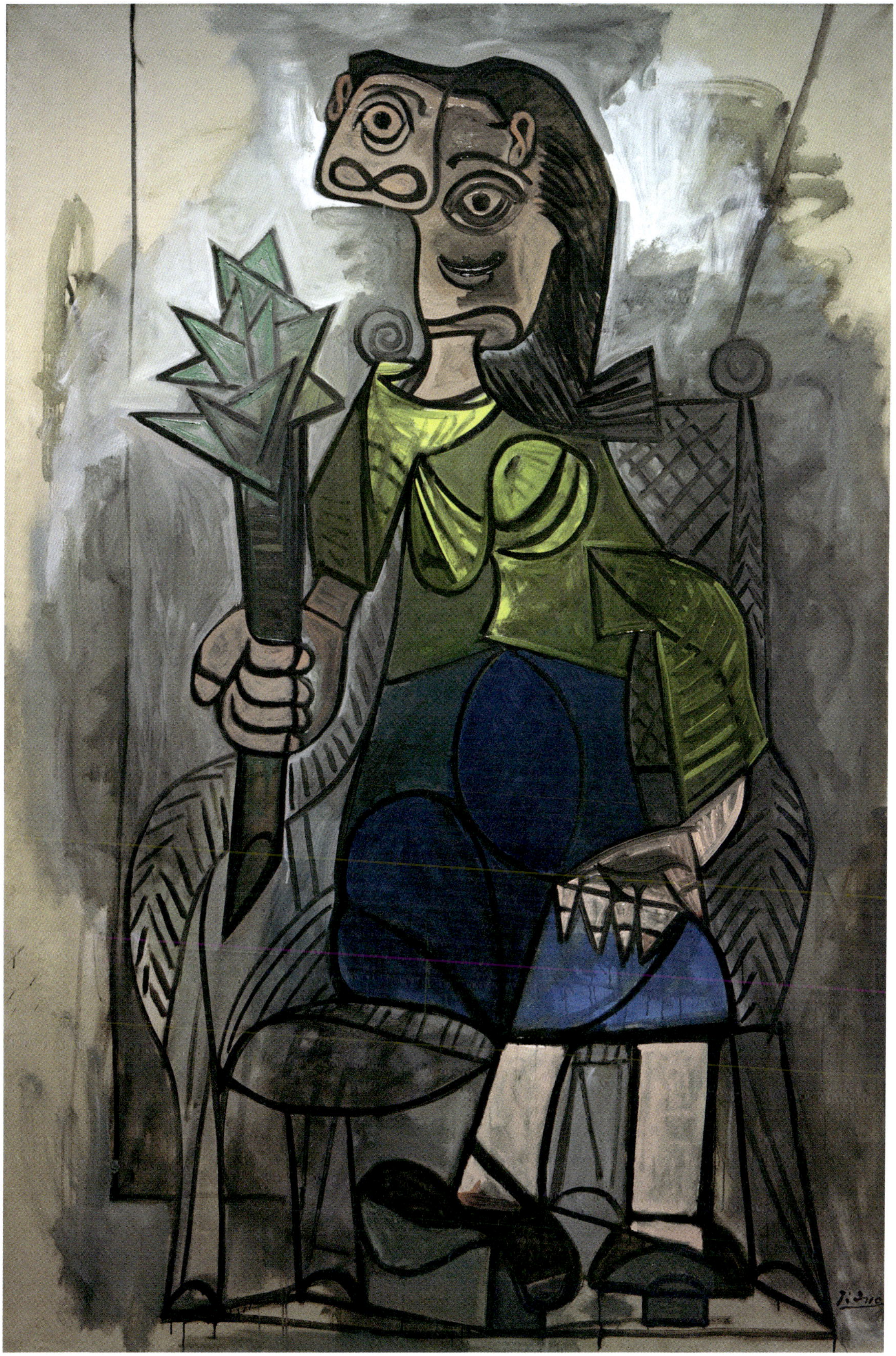

Das, was Sie hier nun sehen, ist eine ganz wichtige Qualität, eine weitere Stufe, auf der nun dieses Prinzip fast zum ausschließlichen Prinzip wird. Es ist hier sozusagen alles zusammengefasst, was wir im Einzelnen schon beobachtet haben. Sie sehen hier ein Gebilde, das Sie nun wirklich nicht mit Vorerfahrungen vergleichen können.

Wenn hier nun ernsthaft einer unter uns säße, der so aussähe, dann würden Sie alle schreiend reißausnehmen. Da klinken wir uns schon vorher aus und sagen: „Das ist ja nur gemalt!" Aber wenn man das soweit ernst nimmt, kann man erkennen, dass hier noch rudimentäre, wie zeichenhafte Elemente gegeben sind. So sind zum Beispiel der Mund und das Auge noch abbildlich, also gewohnheitsmäßig wahrnehmbar.

Das eine Auge ist im Blick nach links in einer Wange dargestellt, die in die Gegenrichtung weist, während der Mund sich nach vorne richtet und die Nase im Profil zu sehen ist. Das zweite Auge aber sieht man hier von vorn und die Nasenlöcher sowie den Nasenrücken erblicken wir auch wieder von vorn. Wir sehen überdies die Schultern und ein bisschen Hals. Der Hut wird von oben und zugleich von der Seite gezeigt, das Haar von der Seite, der Oberkörper wieder frontal – also eine ganz ungeheure Erweiterung. Wir haben hier nicht nur zwei Perspektiven wie beim vorherigen Bild, sondern ganz viele Perspektiven.

Diese Zerstreuung der Einzelpartien, die zeichenhaft und wie auseinandergelegt sind – sie können unter der Vorstellung des Prozesses, der prozessualen Einheit, wieder zusammengeführt werden. Der Betrachtende, der durch die Einzelaspekte hindurchgeht, die in der Zeit – in der sogenannten Realität – nur nacheinander sichtbar werden, wird hier simultan angesprochen. Indem er in der Bildfläche das Simultane erfassen kann, kann dem Hindurchgehen durch die einzelnen Elemente etwas entsprechen, das als eine Figur in Bewegung verstanden werden kann. In diesem Bild lässt sich das weiterverfolgen, indem man sich jetzt auch noch der einzelnen Elemente klar wird und wie diese den Blick auf eine bestimmte Weise leiten.

18 | Pablo Picasso, **Büste einer Frau mit gestreiftem Hut**, Paris, 3. Juni 1939

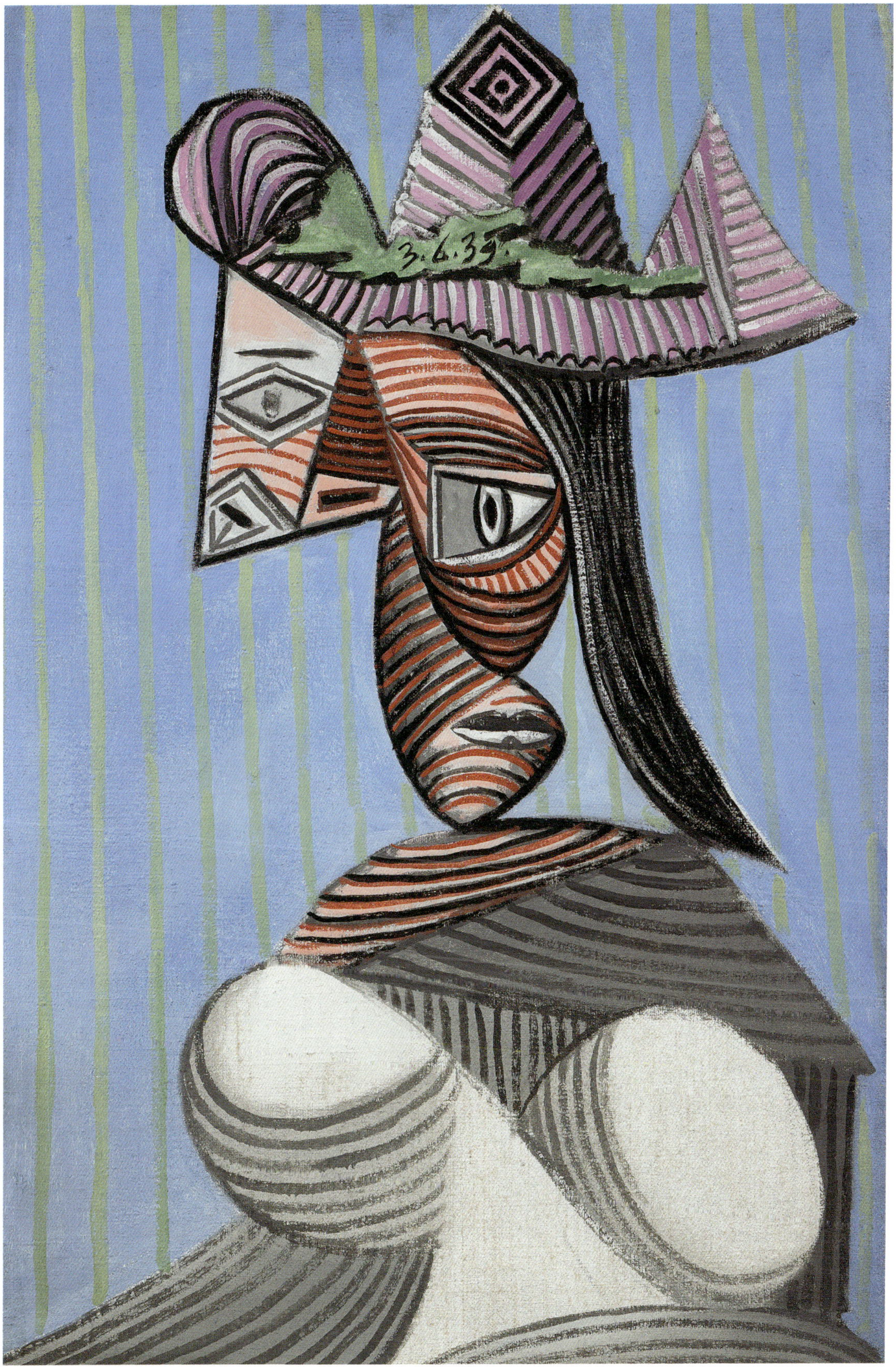
3.6.39.

A

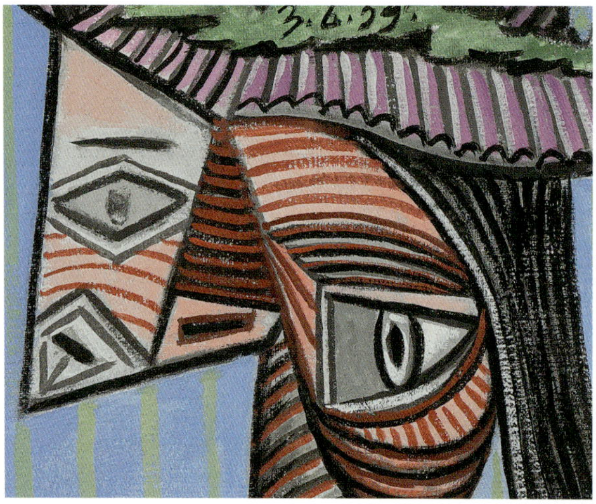

B

Wenn Sie zum Beispiel diesen Hintergrund anschauen, der ja in derselben Ebene liegt wie die Figur – was macht der Blick? (Abb. A). Es sind ganz ruhige Linien, hellgrün auf leuchtend blauem Grund. Der Blick kann da auf und ab gehen, das ist eine ganz ruhige Bewegung, man kann auch quer gehen, dann sind diese Linien wie Barrieren. Und dieses Prinzip der Streifen durchzieht das ganze Bild. Wenn ich den Blick bei den Streifen im Hintergrund ansetze, wird er nach unten geführt. Ich könnte das auch eben mit der Hand zeigen. Machen Sie es selbst und ruhig mehrmals. Das ist nicht nur ein Kürzel, sondern auch ein Zeichen, das die Funktion hat, nicht nur erkannt, sondern auch *erfahren* zu werden – mit der Hand. Es eröffnet sich dadurch durchaus mehr als nur eine Blickerfahrung: eine *Gebärde*, die man als Tasterfahrung haben kann, wenn man zum Beispiel durch langes Haar streicht. So wie wir zuvor das Volumen „ertastet“ haben, können wir hier die „Dinglichkeit“ von Haar erleben – als Blickgebärde.

Wir können uns auch fragen, was eine Nase zur Nase macht: Was zeichnet sie aus? (Abb. B). Wenn Sie sich umschauen, um etwas am Körper zu sehen, was spitz ist – und zwar dreieckig gespitzt –, da müssen Sie schon ganz schön rumsuchen. Da gibt es nur ein Körperteil – *cum grano salis*: da fassen Sie sich an die eigene Nase. Die Nase hat als Profilgestalt eben die Tendenz, zur Spitze zu werden, und wenn Sie sie von vorne sehen, ist es etwas ganz anderes: da ist es meistens ziemlich platt, da ist es nur ein Strich. So gibt es Menschen, die sind ausgesprochene En-face-Schönheiten, manche Leute haben dagegen ein sagenhaftes Profil, man darf sie nur nicht von vorne sehen. Manchmal vereinigt sich beides und wird zum Idealfall. Und dieser Idealfall wird hier von der Darstellung als Doppelansicht gegeben.

Wir haben hier nun zwei unterschiedliche Qualitäten in einem Gebilde simultan: einerseits, was die Nase aufführt als Grundelement ihrer Gestaltungstendenz – das Dreieck. Andererseits eine schwunghaften Lineatur im Bereich der Brust, die als Blickerfahrung Bewegung und Rhythmus evoziert (Abb. C). Brust ist hier nicht gegenständlich, sondern als Gebärde zu sehen, als rhythmischer

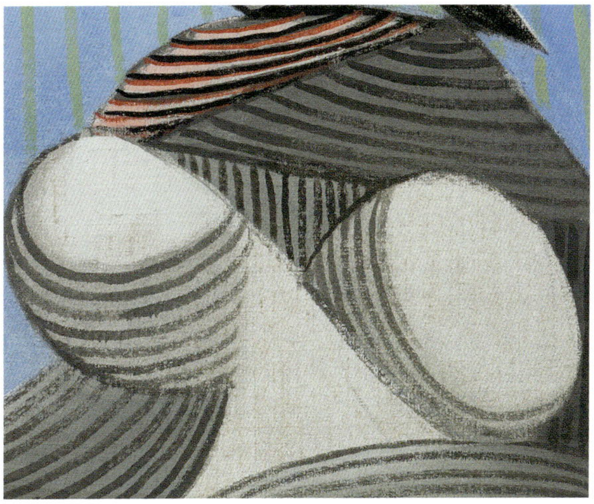

C

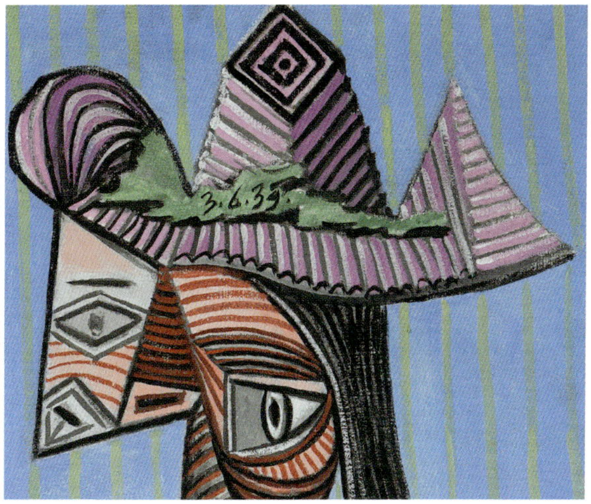

D

Prozess von Ein- und Ausatmen. Man könnte auch sagen, die rhythmische Funktion, die wir im Blick gebärdenhaft erfahren – Sie können ja wieder die Hände zur Hilfe nehmen – ist die Ur-Gebärde des Herz-Lungenbereichs, des Brustbereichs.

Aus der optisch vermittelten Erfahrung von Raum und Volumen, aus den Urgebärden von Rundlichem, von deutlich Gespitztem, des zielgerichteten Charakters des Blicks, schließlich auch des Huts, (Abb. D), der zwei oder sogar drei verschiedene Richtungen zeigt und damit signalisiert, was ein Hut mit Feder auch signalisieren soll: das sollte man mit großer Freude einmal wieder ernstnehmen, wie wunderbar ein Mensch doch mit sich umgehen kann!

Alle diese Gebärden als Funktionsansätze auf ihre Urbildlichkeit, auch im Humor, zurückgeführt, geben uns als Betrachter durch das Bild den Anstoß, in der Zeit zu erfahren, was in der sogenannten Realität uns als dinghaft räumliche Körperlichkeit begegnet. Und dies möchte ich als einen Aspekt von Picassos Leistung hier mit hineinstellen.

„Man sieht ein Bild nur in Abschnitten. Immer nur eine Stelle auf einmal. So zum Beispiel den Kopf, nicht den Körper, wenn es sich um ein Porträt handelt. Oder das Auge, aber nicht die Nase oder den Mund. Daher ist immer alles richtig. Jede Verformung ist richtig, gerade deswegen.“[26]

Pablo Picasso

„Ich halte die Kunst für eine Emanation von Trauer und Schmerz. Die Trauer eignet sich zur Meditation, und der Schmerz liegt dem Leben zugrunde.“ [27]

Pablo Picasso

Und nun ein kurzes Intermezzo mit vier verschiedenen Kunstwerken, damit man sich nur ja nicht durch meine schöne Ordnung verführen lässt, in Picasso eine didaktische Einheit zu sehen. Ich muss Ihnen das einfach zeigen, damit Sie sehen, wie verschieden seine Werke sind und dass man noch ganz anders darangehen könnte.

In diesem Bild aus Picassos blauer Periode lässt sich ganz schön beobachten, wie eine bestimmte Ausdrucksqualität in der Gebärde der dargestellten Personen mit der Farbgebung korrespondiert: Was die Körper zum Ausdruck bringen und was man auch mimetisch sieht an diesen Gestalten, die sich zusammenziehen, stimmt mit dem farblichen Kontext vollkommen überein: dieses Blau als Eigenwert und das, was die Gestalten als Bewegung vollführen, geht in eins, sodass dieses blaue Bild eine ganz ungeheuer überzeugende Einheit – sowohl optisch als auch auf der Empfindungsebene – in sich trägt und erfahrbar macht.

19 | Pablo Picasso, **Die Armen am Meeresstrand**, Barcelona 1903

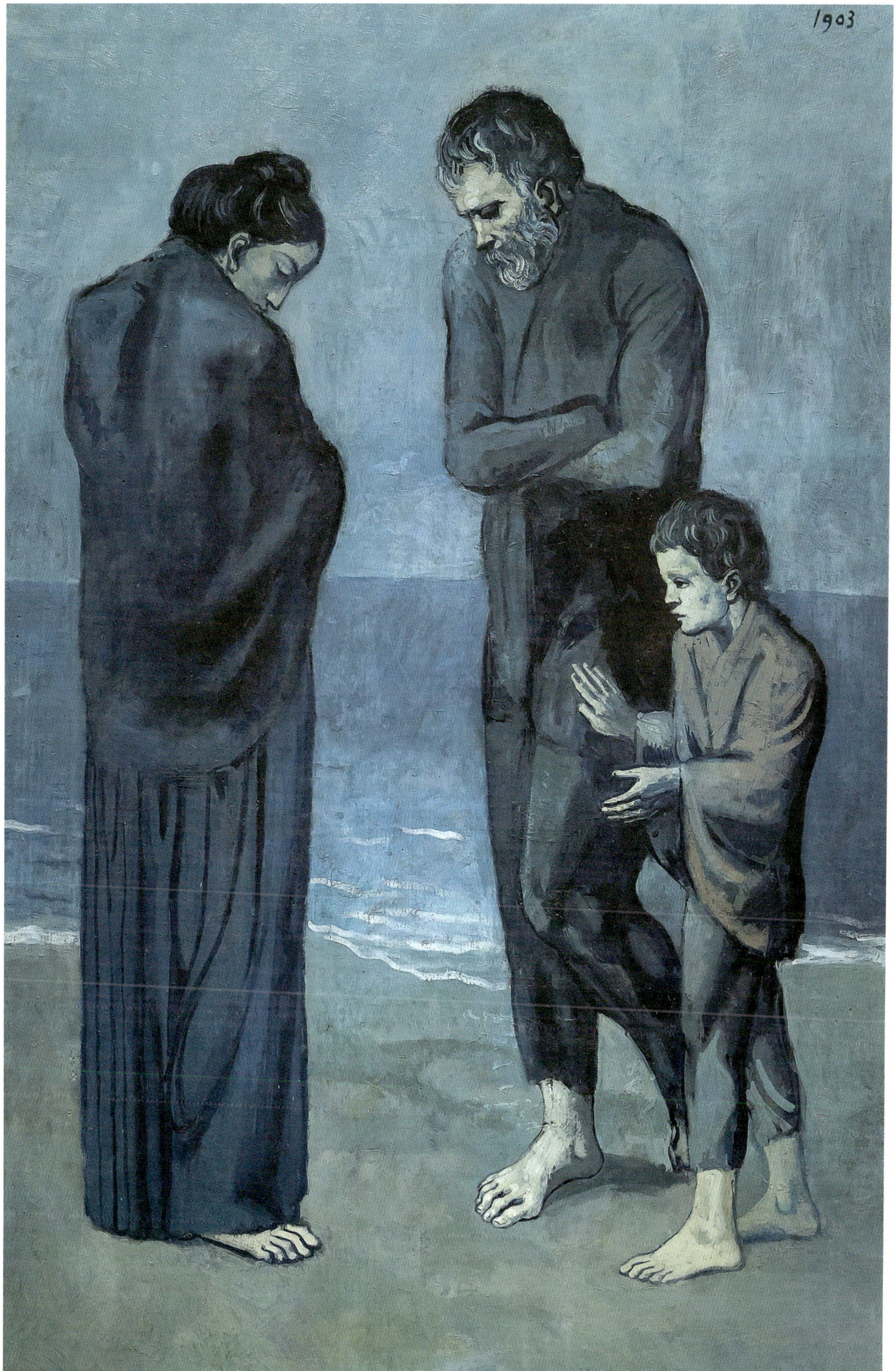
1903
Picasso

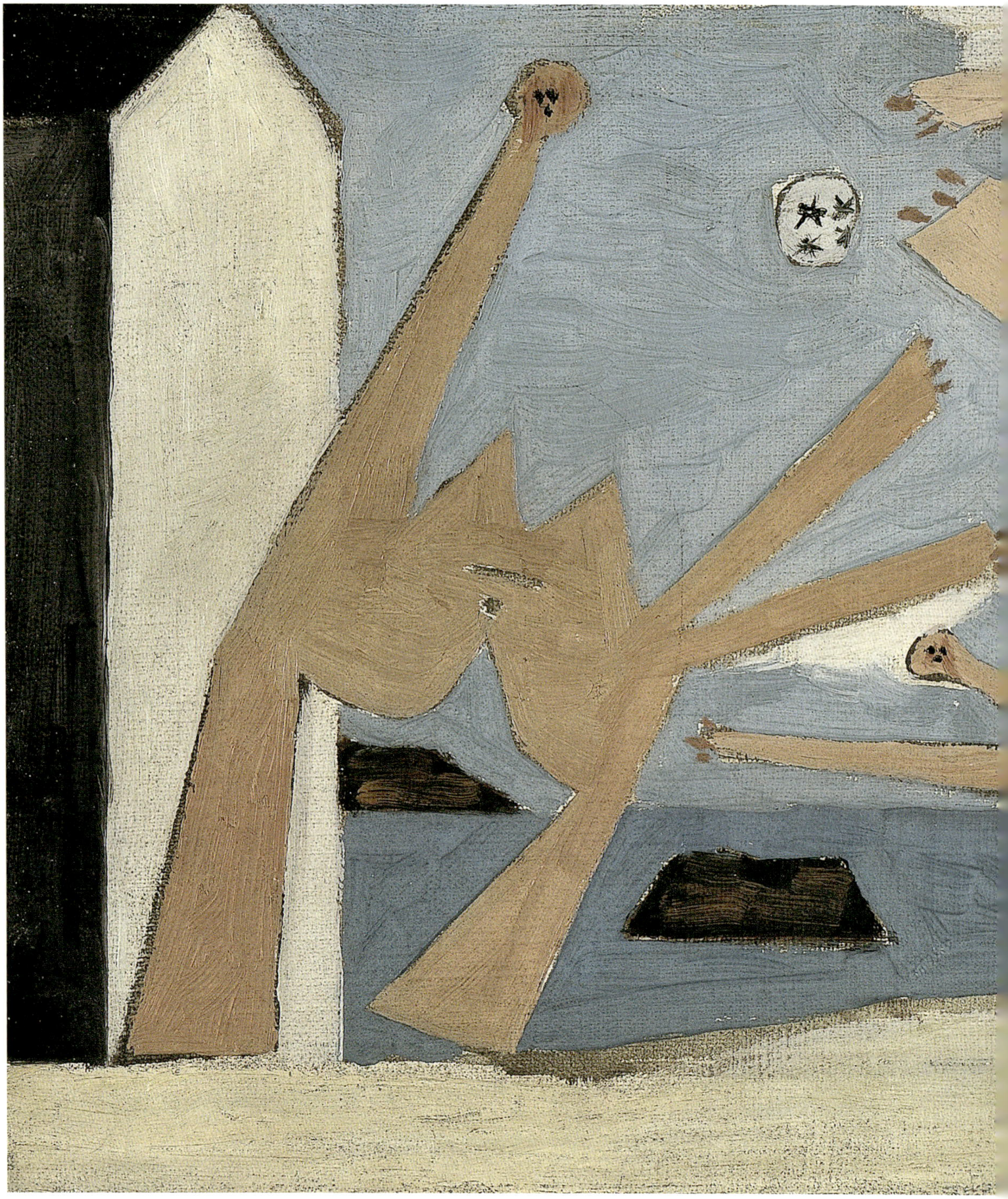

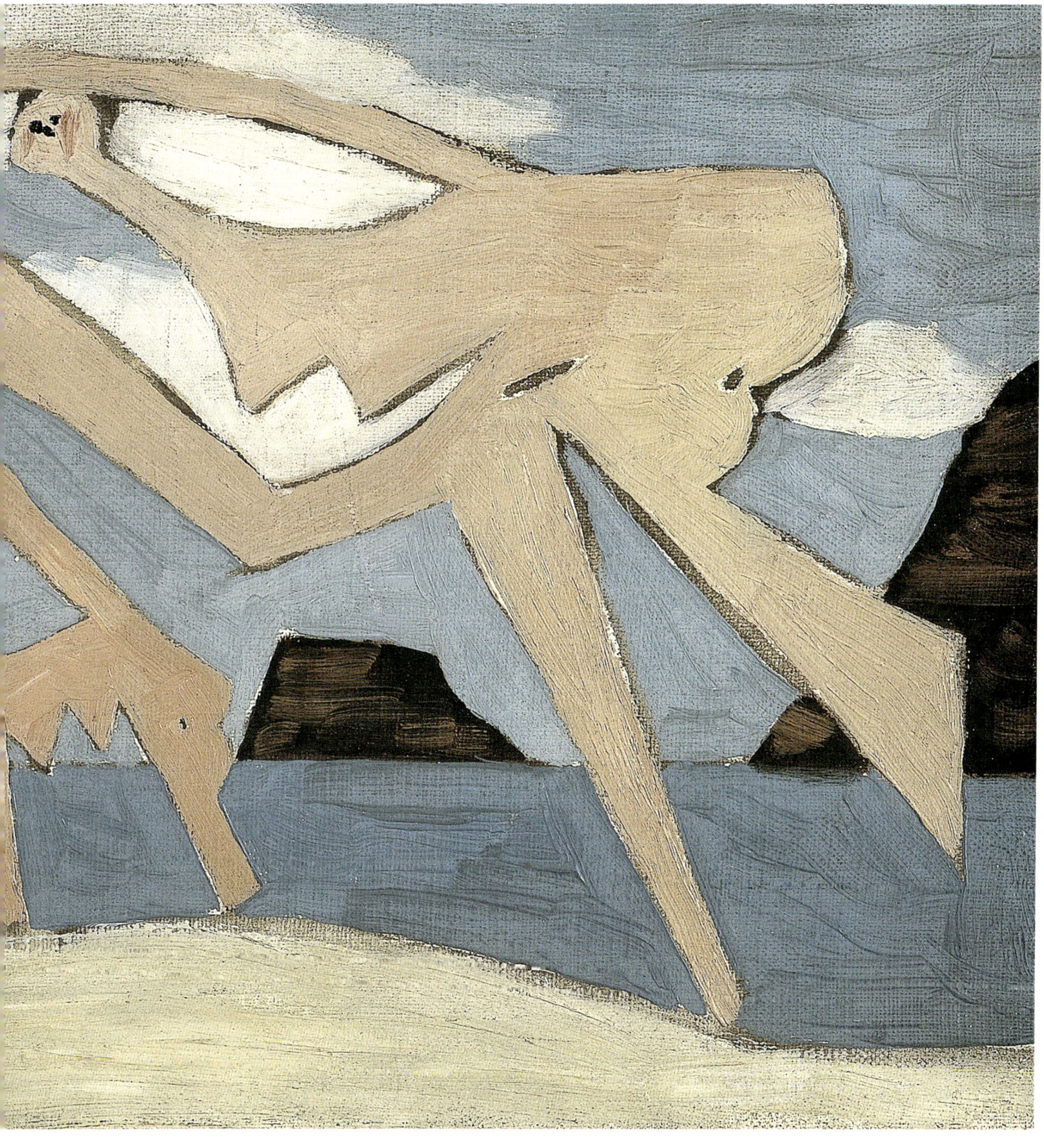

Es ist aber bei Picasso nicht immer und nicht alles auf Einheit angelegt. Es gibt durchaus auch etwas anderes. Wo er zum Beispiel zu Figurinen übergeht, da heißt es dann zwar immer noch *Badende* oder *Ballspieler* und die Gestalten erinnern irgendwie noch marginal an menschliche Figuren, die grotesk verzerrt sind – wenn Sie die Elemente betrachten, die sich als Kopf oder als Füße verstehen lassen. Alle Merkmale, die ein Körper braucht, sind zwar irgendwie noch zitiert, aber sie erscheinen wie ein ganz anderes Element.

Entscheidend ist hier, zu sehen, dass da eine ruhige blaue Fläche ist, wie eine Wand, in der sozusagen dunkle geometrische Strukturen wie erratische Blöcke begegnen. Sie lassen sich notfalls noch vereinnahmen als Fels und Wasser, wenn jedoch dann der Blick hin- und hergerissen wird durch diese großförmigen Figurinen, entsteht hier im Durchgang des Auges durch das Bild nach und nach – ganz anders als bei den blauen Gestalten, die ihren Kopf so beugen, die so einsam kühl und verlassen dastehen – eine heftige Aktivität im Blickverhalten.

Auf der Suche nach den körperlichen Merkmalen wird der Blick des Betrachters also hin- und hergerissen – und mach mithin genau das, was Ballspieler machen, wenn sie einen Ball herumwerfen, also in eine Bewegung übergehen. Hier also kommt plötzlich ein ganz anderes Thema auf: Bewegung vor ruhendem Hintergrund, vor der Starre.

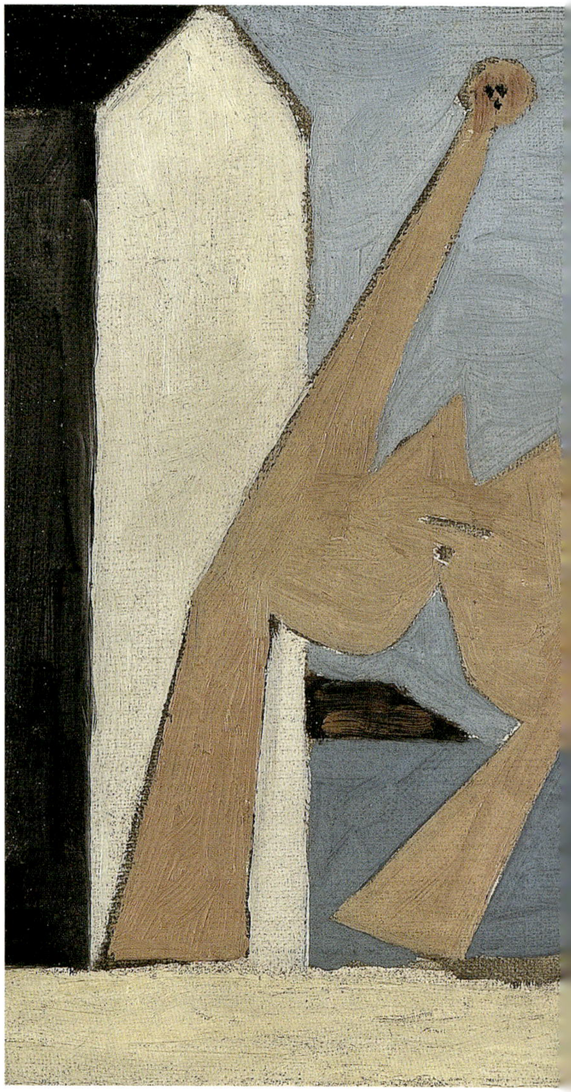

20 | Pablo Picasso, **Badende mit Ball**, Dinard, 20. August 1928

„Warum ich alles datiere, was ich mache? Weil es nicht genügt, die Werke eines Künstlers zu kennen. Man muss es auch wissen, wann er sie geschaffen hat, warum, wie, unter welchen Umständen. Zweifellos wird es eines Tages

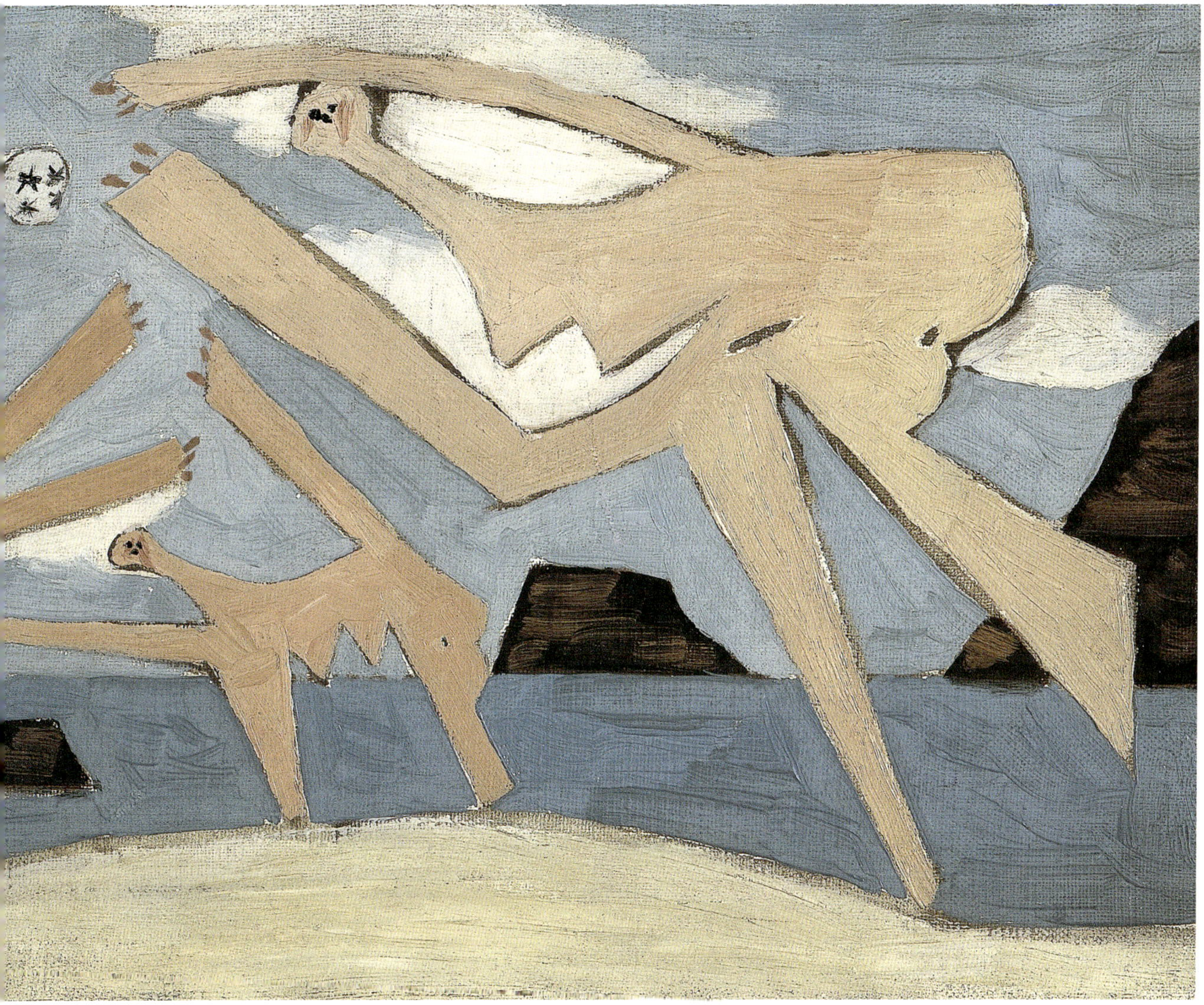

eine Wissenschaft geben, die man vielleicht die ‚Wissenschaft vom Menschen' nennen und die bestrebt sein wird, den Menschen durch den schöpferischen Menschen tiefer zu erkennen."[28]

Pablo Picasso

„Wenn uns ein (...) Kunstliebhaber besucht, erwartet er, wir müssen von vorgefassten Gedanken und Definitionen überströmen, die unsere Kunst erklären oder ihr gar einen lehrhaften Wert geben. Das lehne ich ausdrücklich ab.“ [29]

Pablo Picasso

Meine Ausführungen können ja nur kleine Aphorismen sein. Nun ein weiteres Gemälde, auch damit man merkt, dass Picasso nicht nur der Mann des Volumens ist, sondern auch der, der mit einer ungeheuren Radikalität mit der Fläche umgeht. Wir finden hier zum Beispiel alle Dinglichkeit so reduziert, dass sie zum rein flächigen Bildmuster wird.

21 | Pablo Picasso, **Der Kuss**, Paris, Sommer 1925

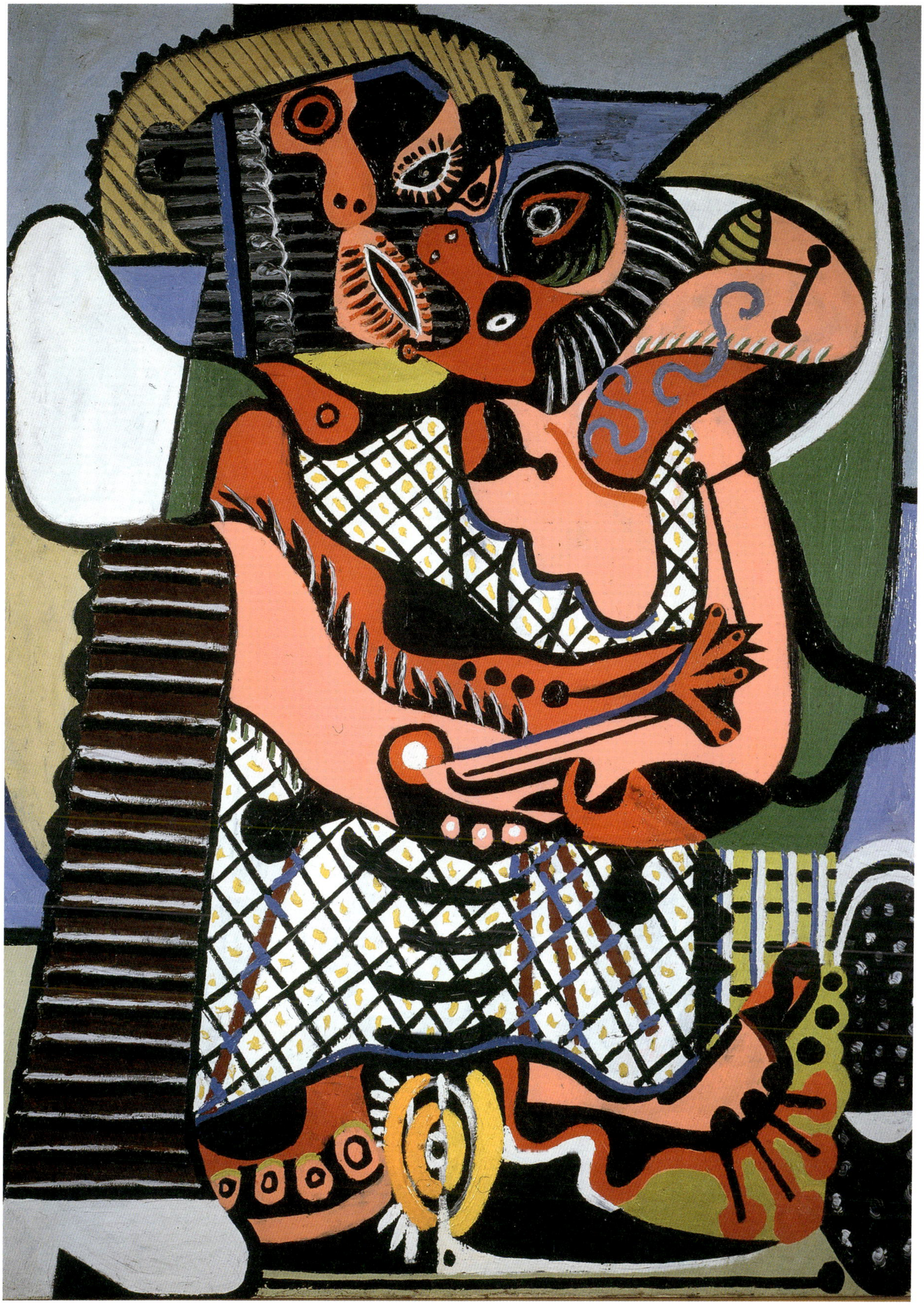

Ich habe Sie schon bei dem Rückenakt (Abb. 12) darauf aufmerksam gemacht, mit welcher unglaublichen Genialität Picasso in der Lage war, Linien zu zeichnen. Und wenn Sie sich nun hineinsehen in einen solchen Linienfluss, aus dem sozusagen inspiriert ständig körperliche Vorstellungen herausspringen, nicht, weil man wiedererkennt, was das ist, sondern weil man förmlich die Weichheit, den Fluss, das Taktile, auch das Schwere eines Körpers mit der Linie gleich mitnotiert liest – fast wie eine Melodie, die sich dann nicht mit musikalischen Vorstellungen erfüllt, sondern eher mit körperlichen ... Es ergibt sich eine Art Selbstreflexion der Linie, es zeigt sich, wie sie ihre eigenen Chancen in Richtung Bildmuster und in Richtung Gegenstandserfassung reflektiert.

Das sind Präludien, die nicht mehr dazu dienen, eine Frau darzustellen oder einen Schminktisch oder sonst irgendetwas Gegenständliches, sondern um zu zeigen, wie die Linie einmal ganz und gar in den Dienst einer taktilen Körperlichkeit eintreten kann oder in den Dienst eines Bildmusters, dass sie aber auf jeden Fall sozusagen ein „Generaljoker" ist, der alles werden kann in einer solchen Künstlerhand.

Das war das Intermezzo. Und nun kommt der dritte Zugang.

22 | Pablo Picasso, **Modell und surrealistische Skulptur**, 4. Mai 1933

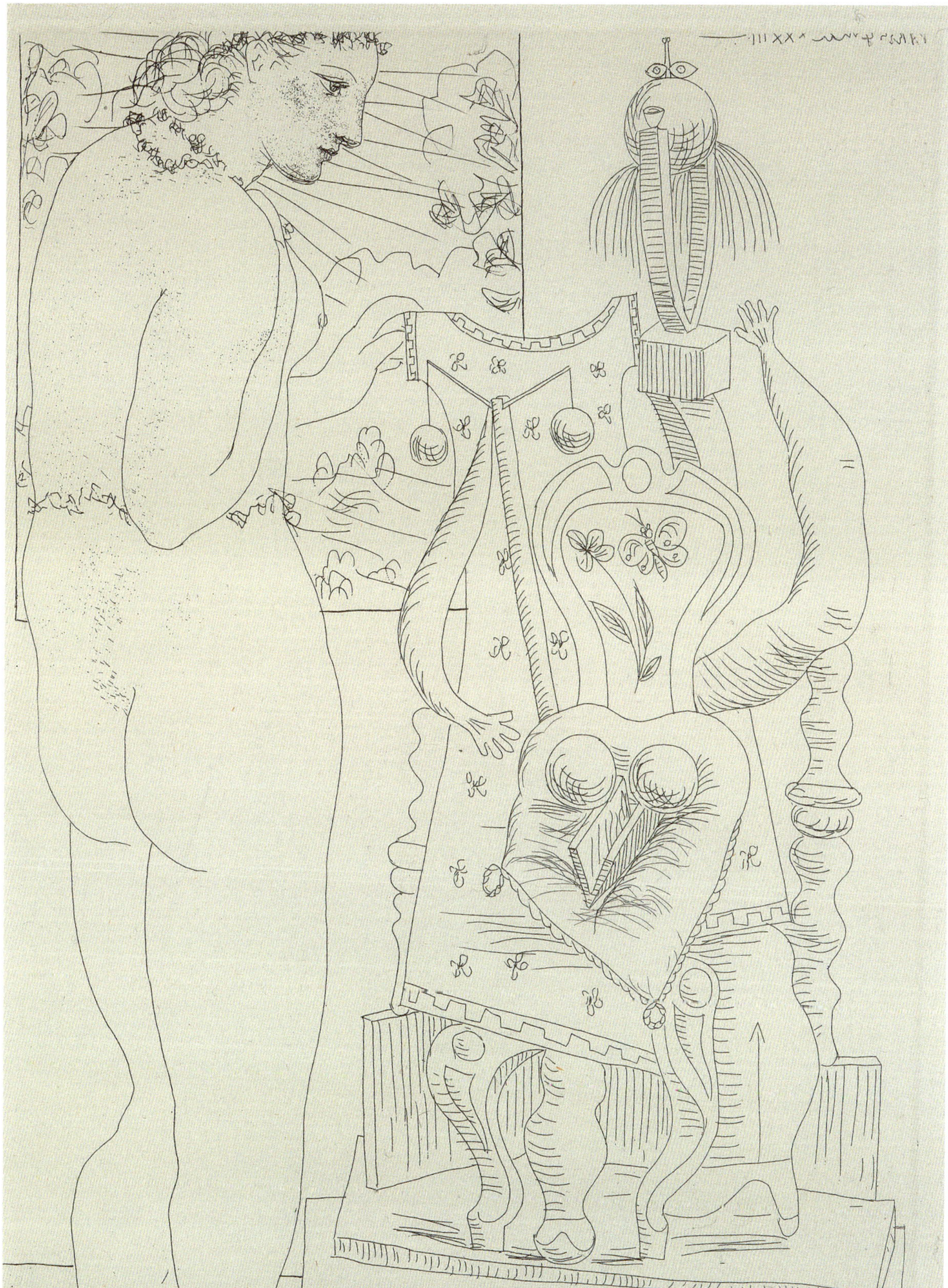

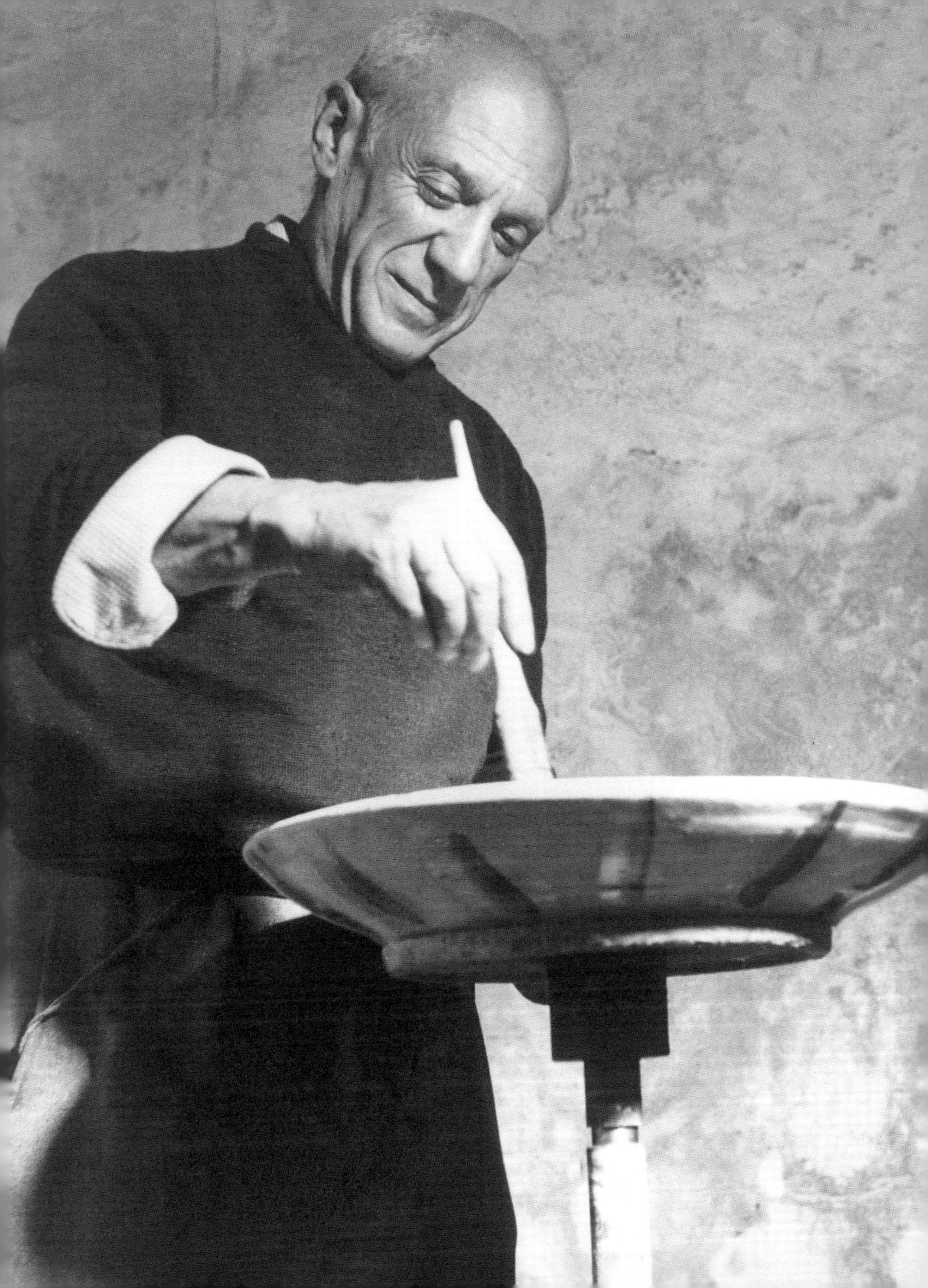

DRITTER ZUGANG

„Ich bemühe mich immer darum, die Natur nicht aus den Augen zu verlieren. Mir geht es um Ähnlichkeit, um eine tiefere Ähnlichkeit, die realer ist als die Realität und so das Surreale erreicht."[30]

Pablo Picasso

23 | Pablo Picasso, 1948

VOM MYTHOS ZUM LEBEN DER FARBE

Nun also der dritte Zugang – vom Mythos zum Leben der Farbe. Vielleicht ist Ihnen aufgefallen, dass ich bisher immer streng vermieden habe, irgendetwas zu deuten. Ich hoffe, es ist mir bis hierher gelungen. Aber jetzt wage ich einige Deutungen, um aus einem anderen Sinnkontext Aufschlüsse zu erhalten über die Realität des Surrealen, wie es in den Bildern Picassos aus seiner sogenannten surrealen Schaffenszeit auftritt.

Sie kennen dieses Problem aus dem Umgang mit der Welt der Märchen. Die sogenannten Zaubermärchen sind eben nicht ausgedachte Geschichten, die furchtbar und grausam sind und vor denen man die Kinder schützen muss. Sie handeln nicht in der äußeren Wirklichkeit, es sind urbildliche Geschichten, Innenweltgeschichten. Ihre Sprache ist die Sprache der Bilder, der Imaginationen. Alle Figuren des Märchens können dementsprechend als Gestaltungskräfte des inneren Menscheins gesehen werden, der alte König, die Königstochter, der Frosch, der Eiserne Heinrich, auch die weiße Taube, das Eselein und so weiter … Und so kann man, indem die Märchen erzählt werden, durchgehen durch bestimmte Entwicklungen, durch bestimmte Krisen. Wenn dann am Schluss der alte König stirbt und der neue König die Herrschaft übernimmt, ist dies das Erreichen einer neuen Entwicklungsstufe. Das Alte, zu Ende Gegangene ist überwunden, eine neue Identität entsteht. Auf dem Weg dahin sind oft die unverwandelten Seelenteile (etwa der Auerochse, der Feuervogel) zu überwinden oder durch die Wasser- und die Feuerprobe zu läutern und dergleichen mehr. Also, in diesem Sinne kann das esoterische Wissen, wie es mir vom Schulungsweg der Anthroposophie her bekannt ist, Deutungsansätze zum Verständnis der sogenannten surrealistischen Bilder Picassos geben.

Hier nehme ich das als Beispiel einer ganzen Serie, deren Surrealismus aus meiner Sicht höchst real ist.

Fassen sie dieses Bild im Sinne der blauen Figuren als Einheit von Farbe und Gebärde auf und denken Sie sich, das wäre eine Gestalt, was es ja tatsächlich ist, denn der Vogel, das Pferd und der Mensch gehen in eine Gestalt über, das klebt zusammen, das können Sie gar nicht voneinander trennen. Die eine Linie der Wade ist die Brust des Vogels. Und was hier sich abzeichnet, der Vogel, ist zugleich der Flügel dieses Pferdes und da ist ein Felsen, hier ein Turm mit Fenstern – hier blickt eine Gestalt tief nach unten, dort erfüllt sich das Bild mit einer Wasserebene …

Das Pferd ist im Märchen oft das Bild für die Intelligenz. Diese kann gewalttätig sein, sie kann kräftig sein, das ist eine Kraft, die sozusagen immer davongaloppieren will, die keine Hindernisse kennt und die, wenn die Hindernisse kommen, diese überwinden will, aber die Intelligenz kann sich sozusagen auch als Macht losreißen und mit dem, der sich ihrer bedienen will, durchgehen. Das Pferd hat also diese Eigenschaften. Der Vogel: das gefiederte Wesen, das über jeden Abgrund hinweggeht, das der tapfere Schneider als Stein nach oben in die Luft wirft und das nie mehr herunterkommt, weil es wegfliegt – das ist der Gedanke. Der Gedankenflug und die Genialität – ohne Genialität nützt die

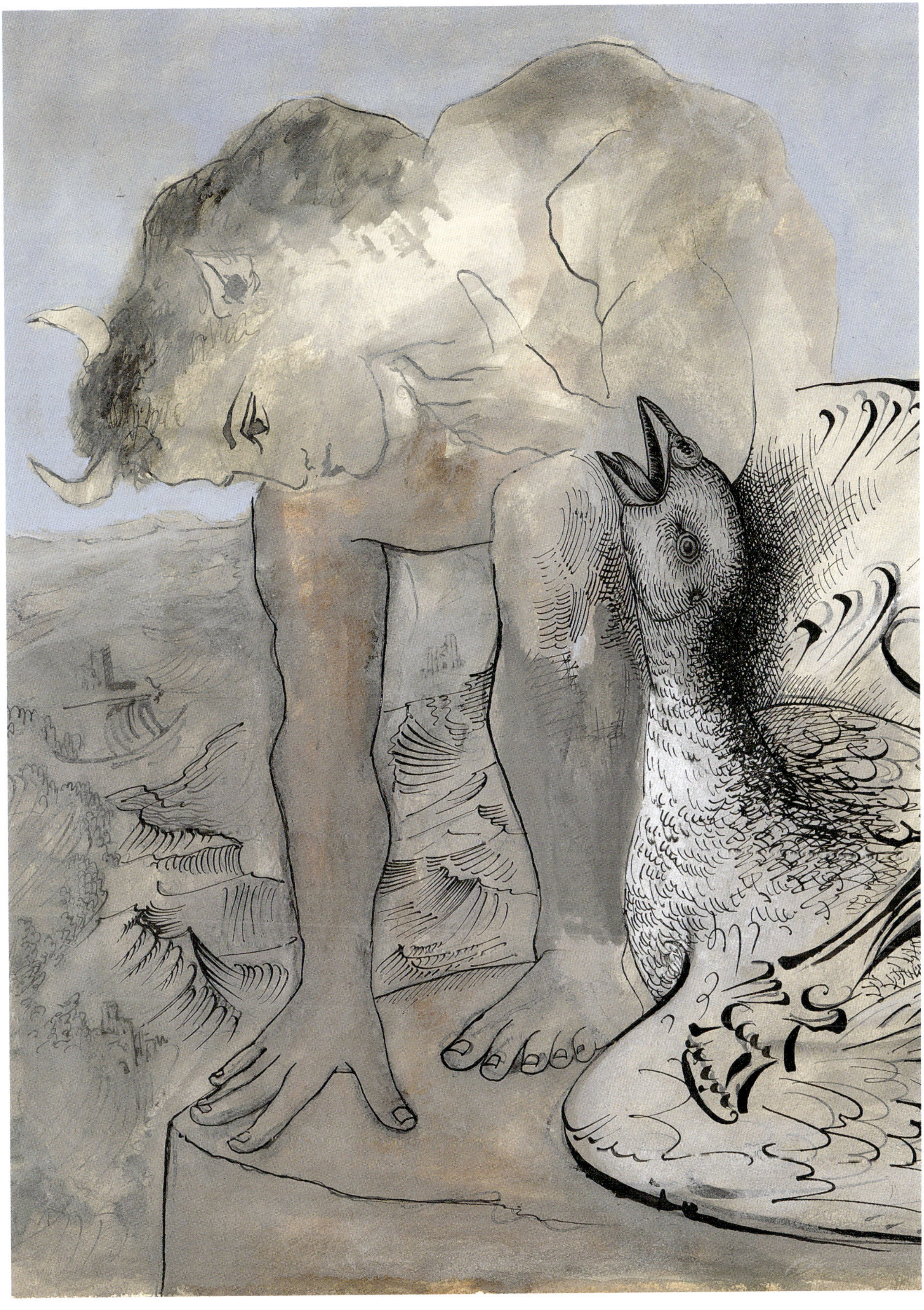

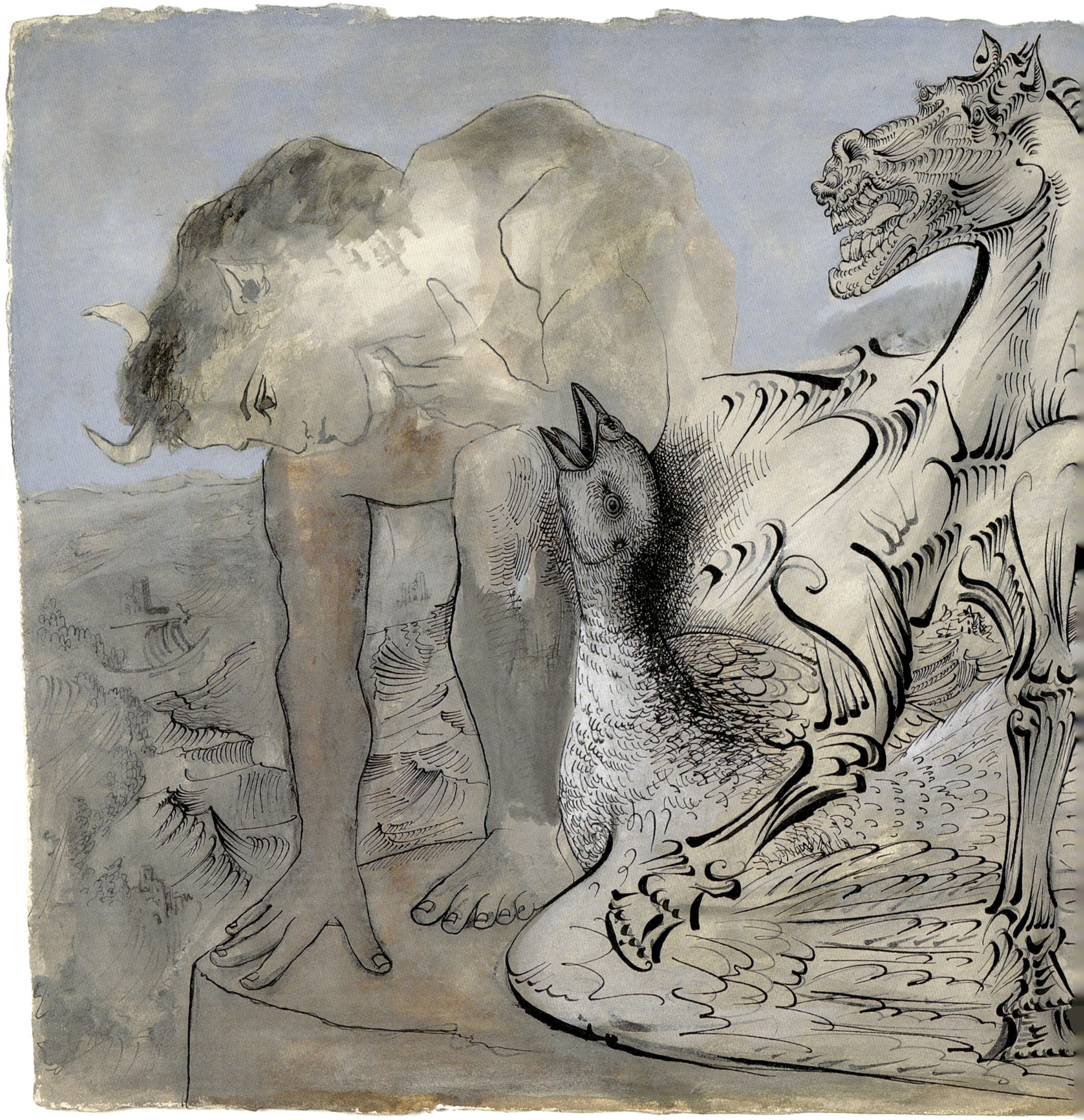

„Ich wehre mich dagegen, dass es drei oder vier tausend Möglichkeiten geben soll, mein Bild zu deuten. Ich möchte, dass es nur eine einzige [Deutung] gibt. Und in dieser einzigen muss es bis zu einem gewissen Grad möglich sein, die Natur zu erkennen, die schließlich nichts anderes ist als eine Art Kampf zwischen meinem inneren Sein und der äußeren Welt.“ [31]

Pablo Picasso

ganze Intelligenz nichts – müssen sich verbinden, das muss eins sein. Und wenn sie jetzt diese Gestalt im Bild sehen, die sich besinnend – mit der Geste der aufgestützten Hand – nach unten blickt, dann blickt diese Gestalt von oben von dem turmartigen Gebilde herab – der Turm ist im Märchen immer das Zeichen für den Kopf, für das, was da oben los ist. Diese Gestalt, dieser Jüngling, blickt also nach unten in eine Wassergegend – und Wasser ist das Lebenselement, aber auch im Leben wird vergessen (der Lete-Strom, der Strom des Vergessens). Nun können Sie das innerlich aufeinander zu bewegen, auch den Umstand, dass dieser Kopf Hörner trägt. In den Hörnern ist das Stiersymbol mitgenannt; der Stier kann ein Bild sein für die Blutskräfte, die Willenskräfte oder man könnte sagen: für die sexuellen Kräfte, die im Menschen als nicht zu bewältigende Unternatur leben, die wirken nicht nur in der Seele, sondern auch noch im Kopf, setzten ihm im wahrsten Sinne des Wortes Hörner auf. Er blickt hinab, und wenn wir diese unergründbare kühle Zone, in der Gedankenflug, Intelligenz und der ruhige Blick in die Tiefe liegen, als eins begreifen, dann könnte man ein solches Bild betrachten als die Imagination des denkenden Menschen, der Mensch sozusagen entfaltet als Kopf-Natur, die sinnend nach unten blickt. Also das ist zugebenermaßen nun wirklich eine Deutung meinerseits.

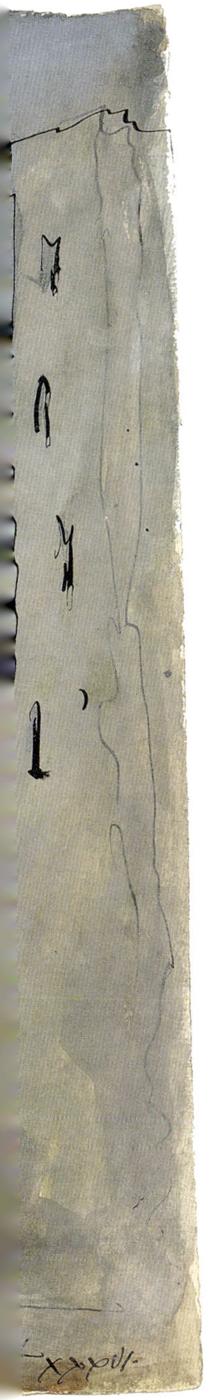

24 | Pablo Picasso, **Faun, Pferd und Vogel**, 5. August 1936

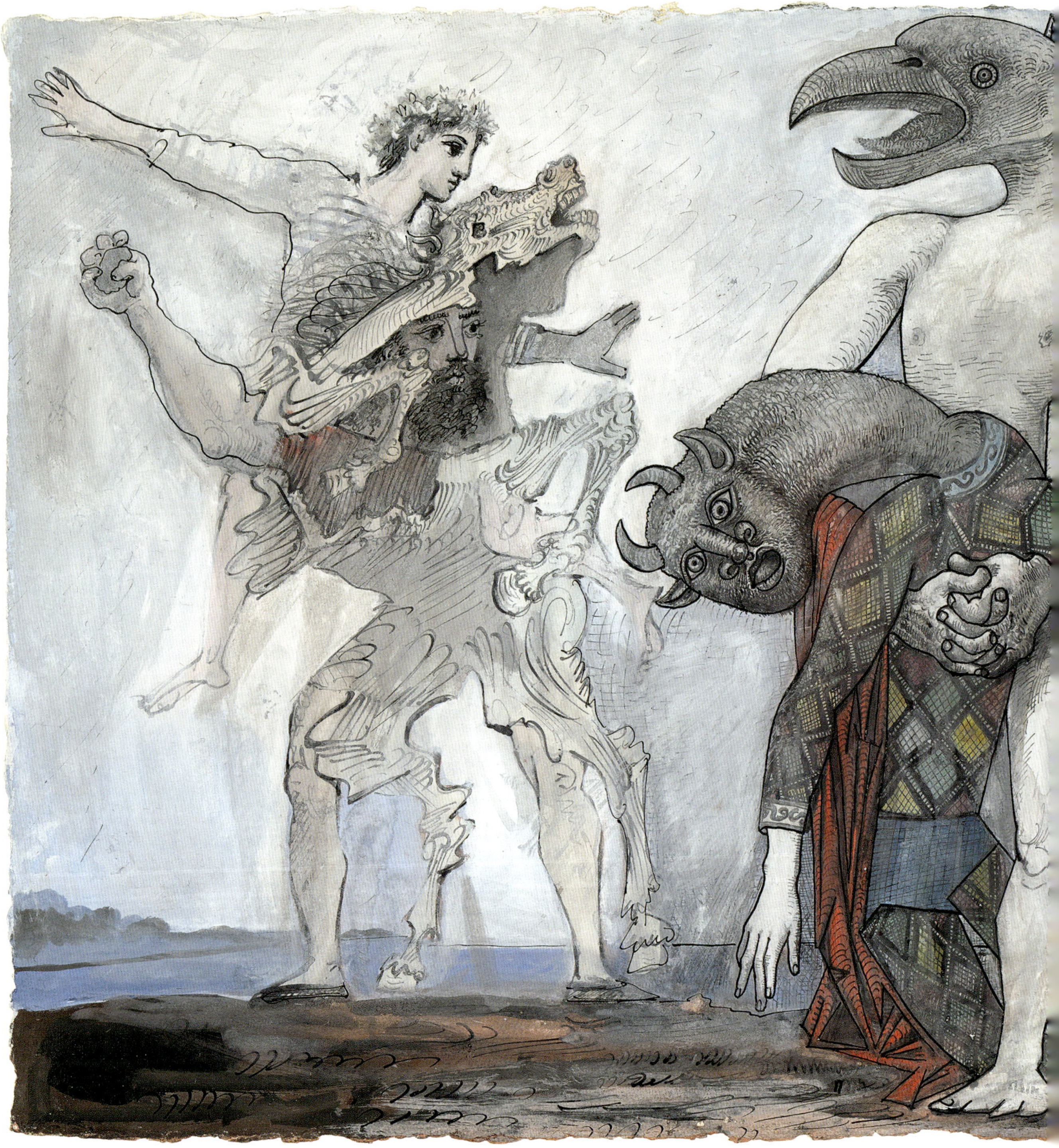

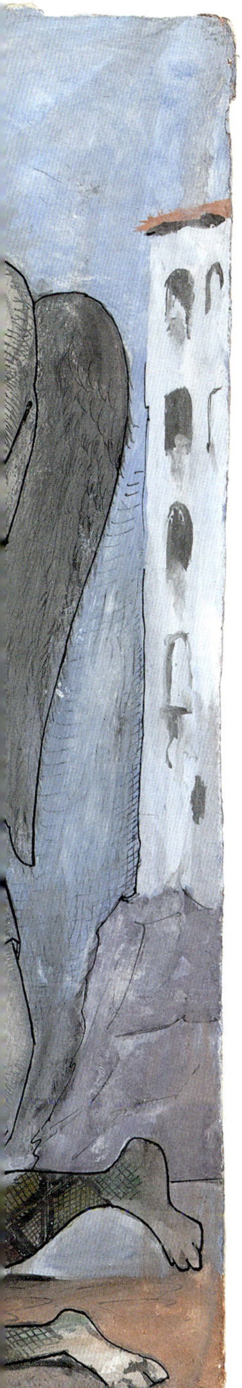

Im nächsten Bild sieht man eine Gestalt mit einem wunderbar klassizistisch anmutenden Gesicht. Diese Gestalt ist von einer Art (Pferde-)Skelett überwölbt und darunter ist dieses Gesicht, fast in der Brust. Darüber ist eine Jünglingsgestalt mit einer ausgestreckten Hand, als ob sie schwebte – wie ein Genius.

Es liegt nahe, dass wir in einer Gestalt hier wieder zwei Wesen sehen. Zwischen diesem Genius und dem, was sozusagen direkt aus der Brust guckt, eröffnet sich ein Spannungsfeld. (Vielleicht kennen Sie das: Zuweilen entsteht ja, wenn man etwas auf der emotionalen Ebene erkennen will, das Gefühl, die Augen sitzen nicht im Kopf, sondern in der Brust oder am Herzen.) Es wirkt, als würde da zweierlei Ich-Präsenz gezeigt: einmal dieses junge, geniale Ich, das zum Führer werden kann, das ganz wach ist, und das andere, das die Faust ballt und von unten her aus dem Menschen herausblickt. Dieses wendet sich nun an eine seltsam grausliche Gestalt, eine Menschengestalt mit Flügeln. Sie hat auch etwas Geniushaftes, aber dieser Kopf ist ein Greifenkopf. Nun ist der Greif auch ein Vogel, hat also diese Gedankenflugkraft, aber der Greif ist auch der wütende Vogel. In der Sprache der Märchen heißt es: Wenn dem Greif das Fressen ausgeht, dann lässt er kurz vor der Landung den, der auf seinem Rücken sitzt, fallen. Das heißt in unsere Sprache übersetzt: um sich aus dem Reich des Unterbewussten wieder in das Wachbewusstsein zu retten, muss er etwas von seiner Wade opfern, also von seiner Gehfähigkeit, von seiner Körperlichkeit etwas hinopfern, denn das Fleisch, das schreit. „Ich will Fleisch" – das ist also diese Kraft, die dann andererseits etwas gebändigt hat, das hier – wie das leere Kostüm einer Stiergestalt – ihm schlaff, wie tot über den Arm hängt und das, wenn Sie es an sich heranlassen wollen, durchaus auch den Charakter eines übermäßigen Phallus hat. Das ist etwas, was einen anwidern kann, was aber zugleich schon wie tot ist, also eine nicht überwundene Stierkraft – nicht überwunden insofern, als sie tot ist. Dieses greifenhafte Element und dieses abgetötete Element selbst sind Bilder eines unbewältigten Innenlebens, das diese Zwienatur sozusagen in den Blick nimmt: also den Menschen, der sich seiner unbewältigten oder bewältigten Menschlichkeit gegenübersieht.

Wir können mit Hilfe einer solchen Deutung sagen, wir sehen in diesem Bild eine Signatur des modernen Menschen.

25 | Pablo Picasso, **Komposition mit Minotaurus im Harlekingewand**, Paris, 28. Mai 1936

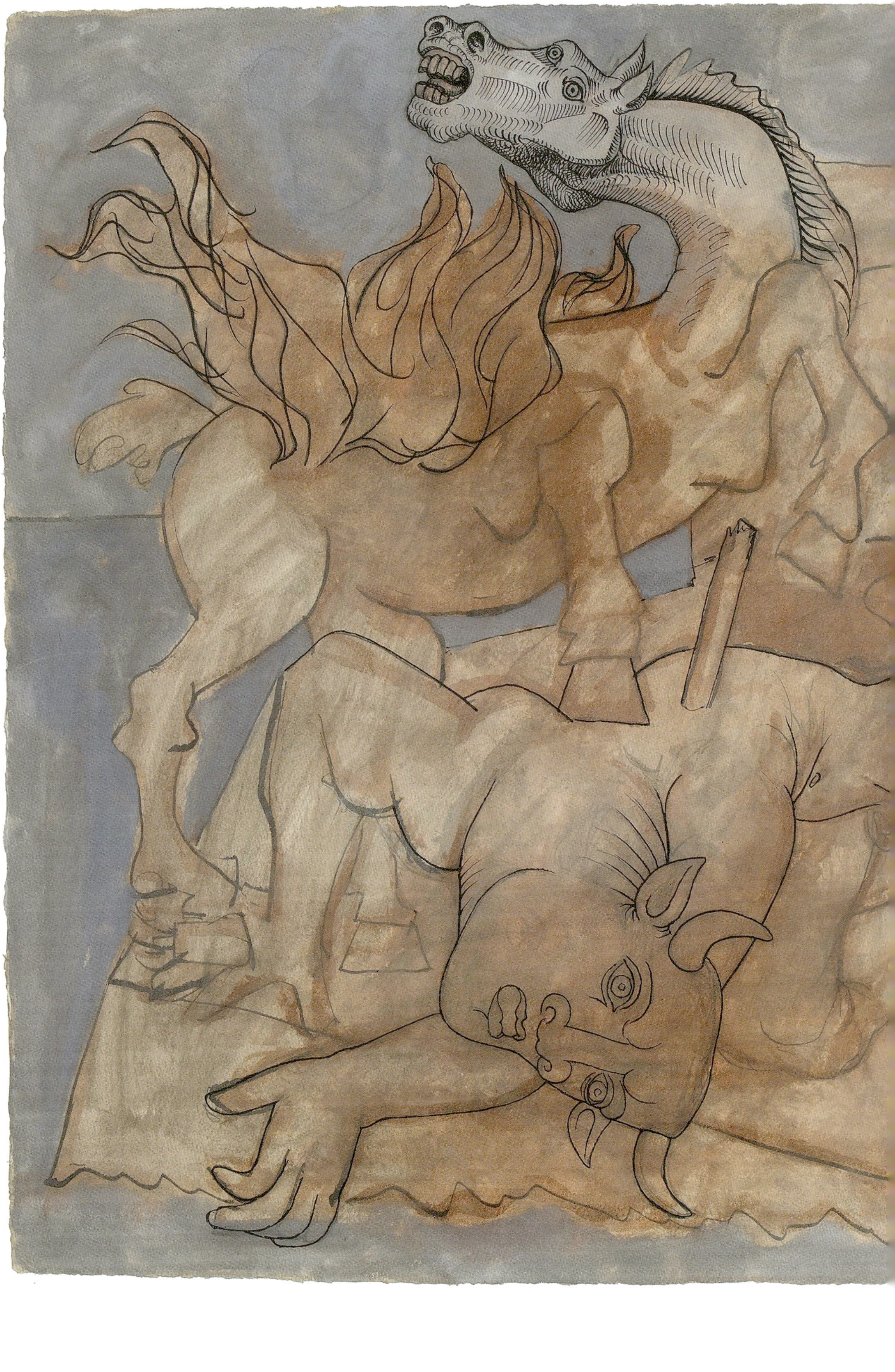

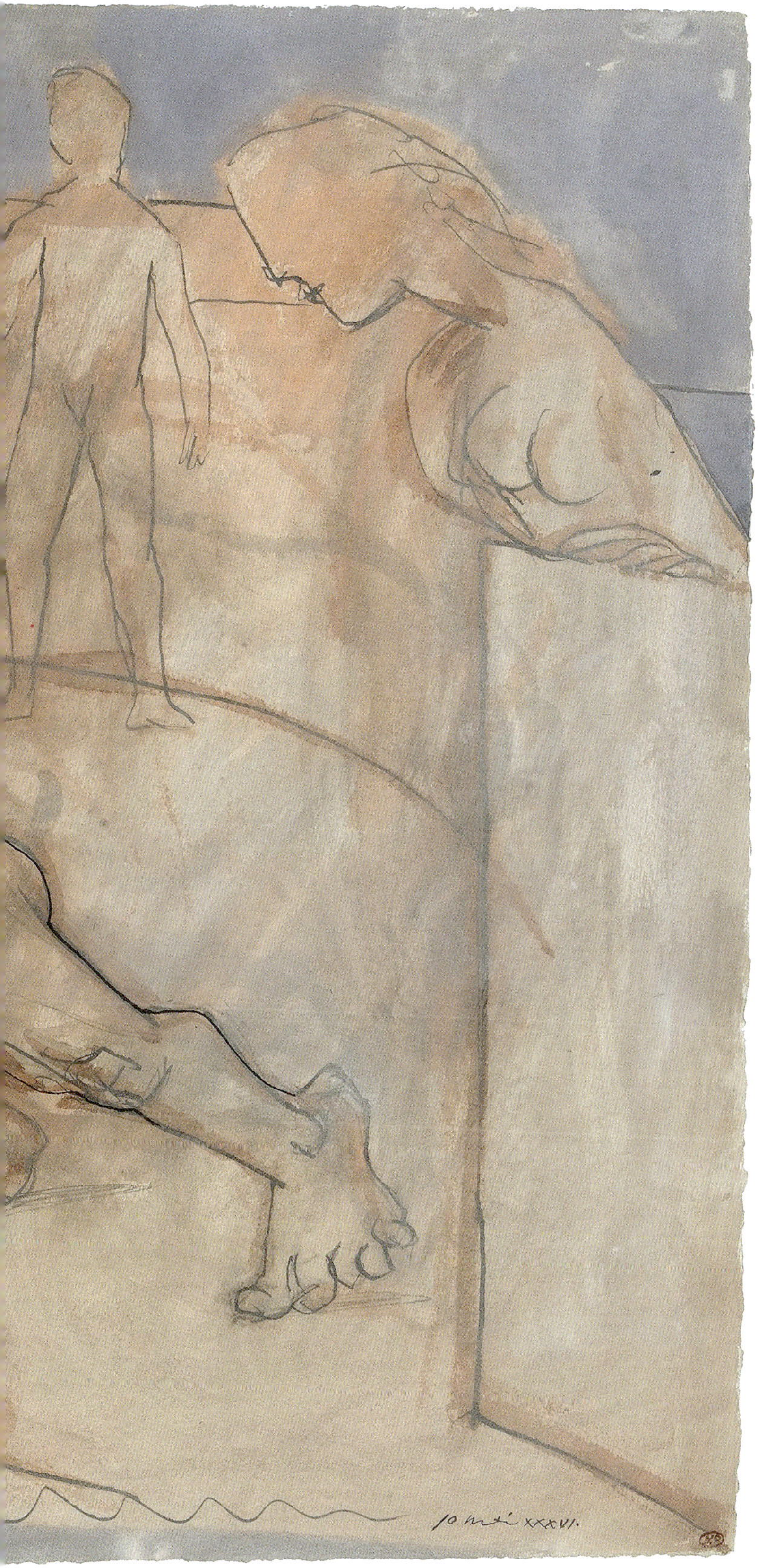

„Ich bin kein Surrealist. Ich bin nie von der Wahrheit abgewichen. Ich bin immer in der Wirklichkeit der Wirklichkeit geblieben.“[32]

Pablo Picasso

Hier zeige ich Ihnen noch ein letztes Bild dieser Art. In einer braunen Wolke sehen wir zwei gewaltige Wesen miteinander im Kampf. Darüber ganz ruhig und davon distanziert, wie in einer Mauer, eine menschliche Gestalt ohne Gesicht, ohne Geschlechtsmerkmale – wir sehen einfach nur einen Leib. Und hier rechts eine weibliche Gestalt, die ohne Blick, aber sehr intensiv hinter der Mauer auf diesen Kampf blickt. Dieser Kampf ist umwölkt von einem braunen Farbton und rings herum ist dieses Blau, das wir ja schon kennen. Was geschieht da? Was ist das für ein Kampf?

26 | Pablo Picasso, **Verwundeter Minotaurus, Pferd und Paar**, Paris, 10. Mai 1936

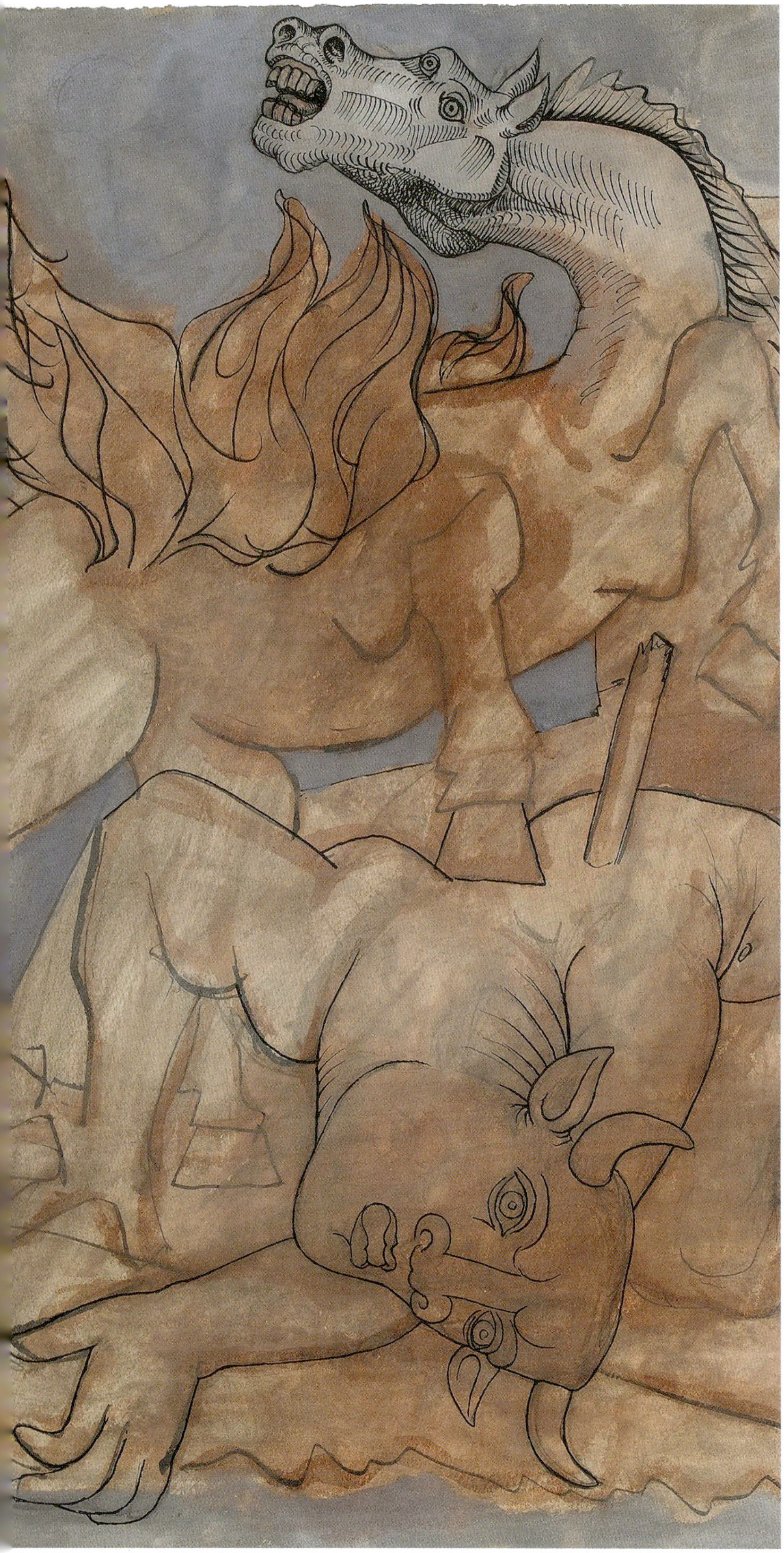

Da kämpft ein Pferd mit einem Stier und der Stier wird gepfählt – in unsere Begriffssprache übersetzt ließe sich sagen: wir sehen die Intelligenz, die also jetzt diese unteren Triebkräfte niederringt, auf Kosten dieser Kräfte. Also keine Gestaltverwandlung oder Umänderung, sondern eine ganz andere Qualität: nämlich dass das Niedere einfach nur abgetötet wird. Doch der Kampf ist noch nicht entschieden, der tobt noch: Dieses Pferd, das schreit. Und was hier sozusagen überwunden ist in diesem menschlichen Stiergesicht, das kommt an unmenschlichem ungebändigtem Schrei aus dem Pferd wieder heraus. Das ist keine Erlösung, sondern das ist sozusagen das, was wir alle machen: nämlich unsere Intelligenz runterhalten, die eigentlich immer nach Ausbruch drängt, wobei die Intelligenz durchaus in der Lage ist, selbst bestialisch zu werden, tierhaft. Es geht also um die Tiernatur des Menschen, die in seiner Seele unbewältigt lebt.

Aber das ist nicht die ganze Wirklichkeit. Hier im Hintergrund ist eben, wie angedeutet, der Leib des Menschen, der nun damit gar nichts zu tun hat. Denn sehen wir zu auf dem Schauplatz der Seele, sind auch dort

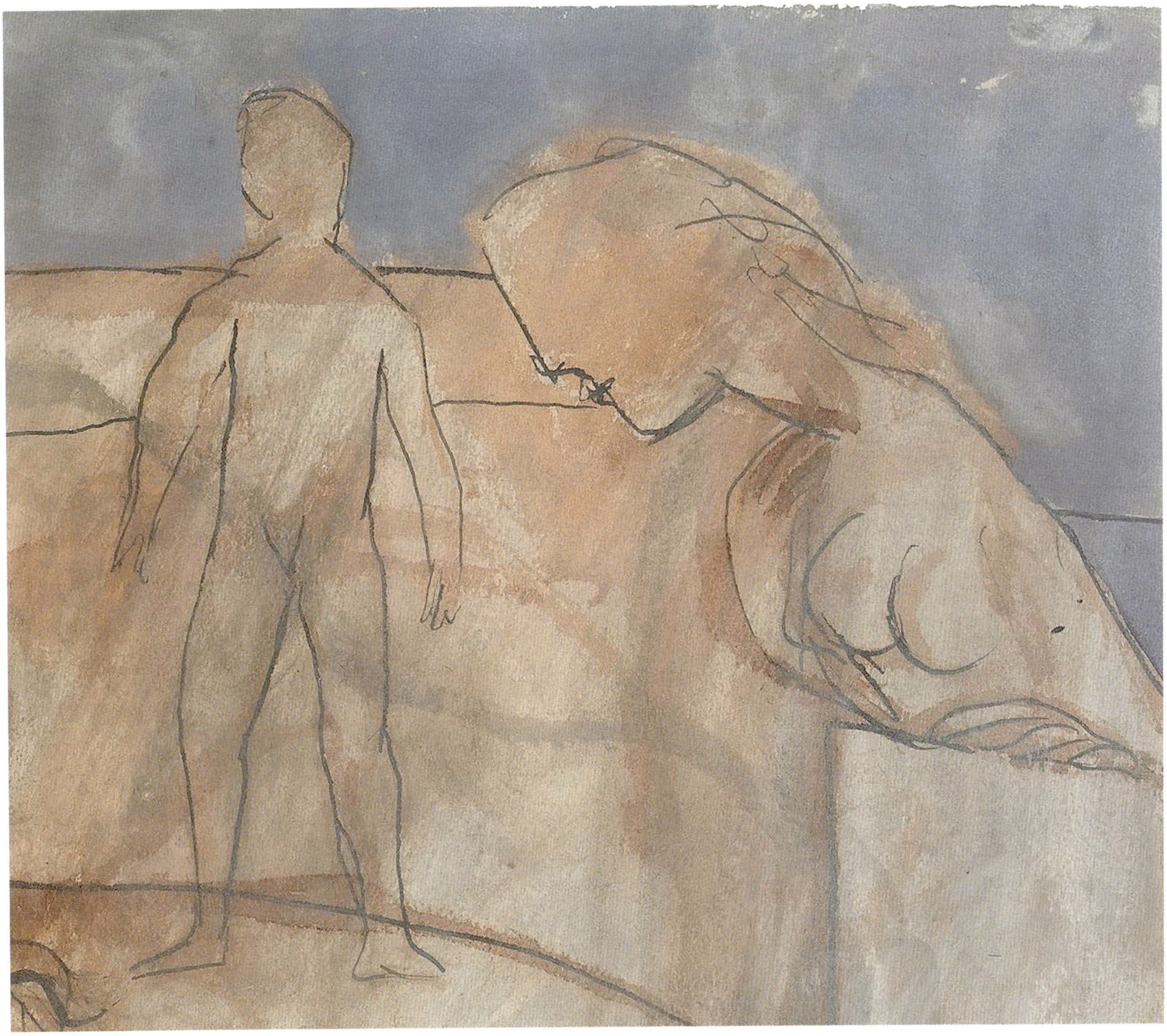

die Farben bedeutungsvoll. Wenn Sie das mal so übernehmen aus esoterischen Schilderungen, dann entsteht eine braune Aura immer da, wo sich die wütende Astralität unbewältigt auslebt. Und das Blau zeigt sich dort, wo eine sich durchlichtende Intelligenz am Werke ist. Dieses kühle Weiß, das hier nun unseren Blick hinter die Mauer zieht, ist noch eine andere Instanz im Menschen. Eine, die nun in Ruhe und enthoben von diesem Kampf, von oben darauf blickt, eine schemenhafte Figur, die erst noch Gestalt annehmen kann: so eine Art Geistseele, die auf das, was auch Mensch ist, hinabblickt.

Vielleicht ließe sich sagen, diese Art von Kampf findet ständig statt. Und insofern kann man hier sehen, wie nun tatsächlich die Farbe und die Form durchaus im mythischen Charakter eingesetzt werden, wie mythischer Sinn so gestaltet wird, dass er sich in den Farben und Formen des Bildes nun mitrepräsentiert und durchaus wie eine Art Illustration einer nun zwar nicht physischen, so doch überphysischen Realität wirkt.

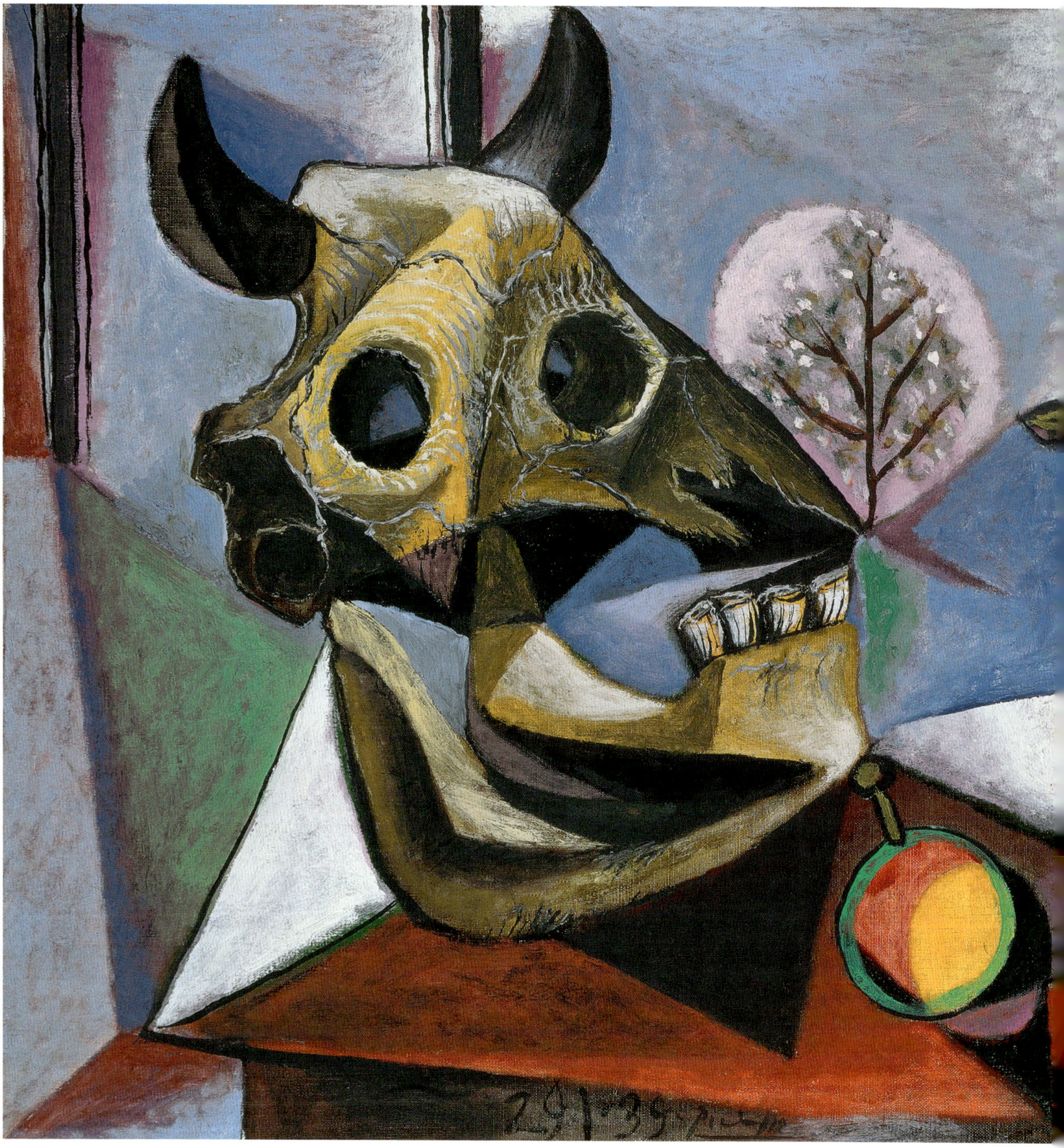

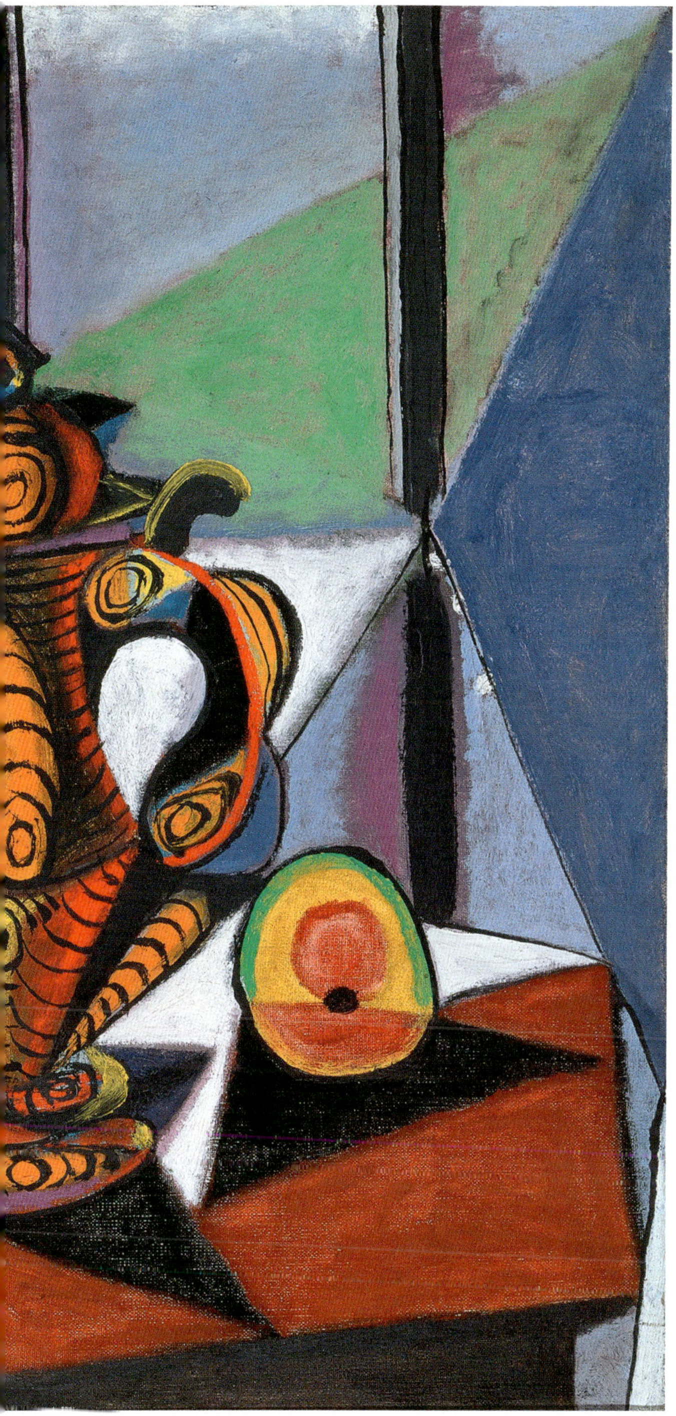

Nun soll es noch einen Schritt weiter gehen. Picasso hat an einem Vormittag manchmal 30 solche Bilder gemalt, bis ins hohe Alter. Er war häufig gar nicht mehr zu bremsen in seiner Gestaltungskraft, die ganz uneingeschränkt die Fülle darstellt – ein Bild nach dem anderen. Das war eine Produktivität, die die Kunstsammler wirklich schaudern machte, denn man hatte Angst, dass die Preise fallen, weil es so viele Kunstwerke von ihm gibt. Sein umfangreiches Gesamtwerk – bestehend aus Gemälden, Zeichnungen, Grafiken, Collagen, Plastiken und Keramiken – wird auf 50.000 Werke geschätzt.

Bei diesem Bild nun können wir bemerken, dass da etwas rein in die Beziehungshaftigkeit von Farben und Formen hineingeht und eine neue Problemlosigkeit, eine Heiterkeit entsteht.

Dieses reale Wechselspiel von Form und Fläche, von Volumen und von Leben – alles das wird ineinander gebracht und kann sich jetzt völlig frei gestalten, ob nun auf das Gegenständliche hin oder auf die reine Farbigkeit, das bleibt offen. Man kann sozusagen in diesen Früchtekorb hineingreifen und diese Bilder in ganz vielen Variationen erleben.

Das hat nun seine Überwindung erfahren in Picassos Werk, wo jetzt nicht irgendwie etwas heranzitiert wird, sondern wo man den Eindruck hat, er überlässt sich der Wirkungsmacht der Farben und Formen unmittelbar.

27 | Pablo Picasso, **Stillleben mit Stierkopf, Kanne und Früchten.** 1939

„Deshalb leben die Maler ja so lange.
Während ich male, lasse ich meinen Körper draußen vor der Tür,
wie die Moslems ihre Schuhe vor der Moschee.“ [33]

Pablo Picasso

Das Bild führt uns eine ungeheure Wildheit, eine nicht zu bändigende Farbexplosion vor Augen. Lassen Sie sich von diesem Rot konfrontieren, mit diesem harten Gelb daneben.

Sehen Sie, wie sich das jetzt zusammenbringt?

Wir können den Eindruck von einem Kampf gewinnen. Es kämpfen hier jedoch nicht irgendwelche Gestalten gegeneinander, es sind vielmehr die Farben selbst, die hier die Geschichte erzählen, die in dieses lebendige Wechselwirken eines nicht bewältigten Kampfes hereinkommen. Aber nur unter der Bedingung, dass die Kunst immer gestattet, die Bedingung des Spieles sichtbar zu machen: indem sie die gewohnten Sehweisen irritiert, zum genauen Hinsehen, zur Reflexion herausfordert.

28 | Pablo Picasso, **Rembrandteske Gestalt und Amor**, 1969

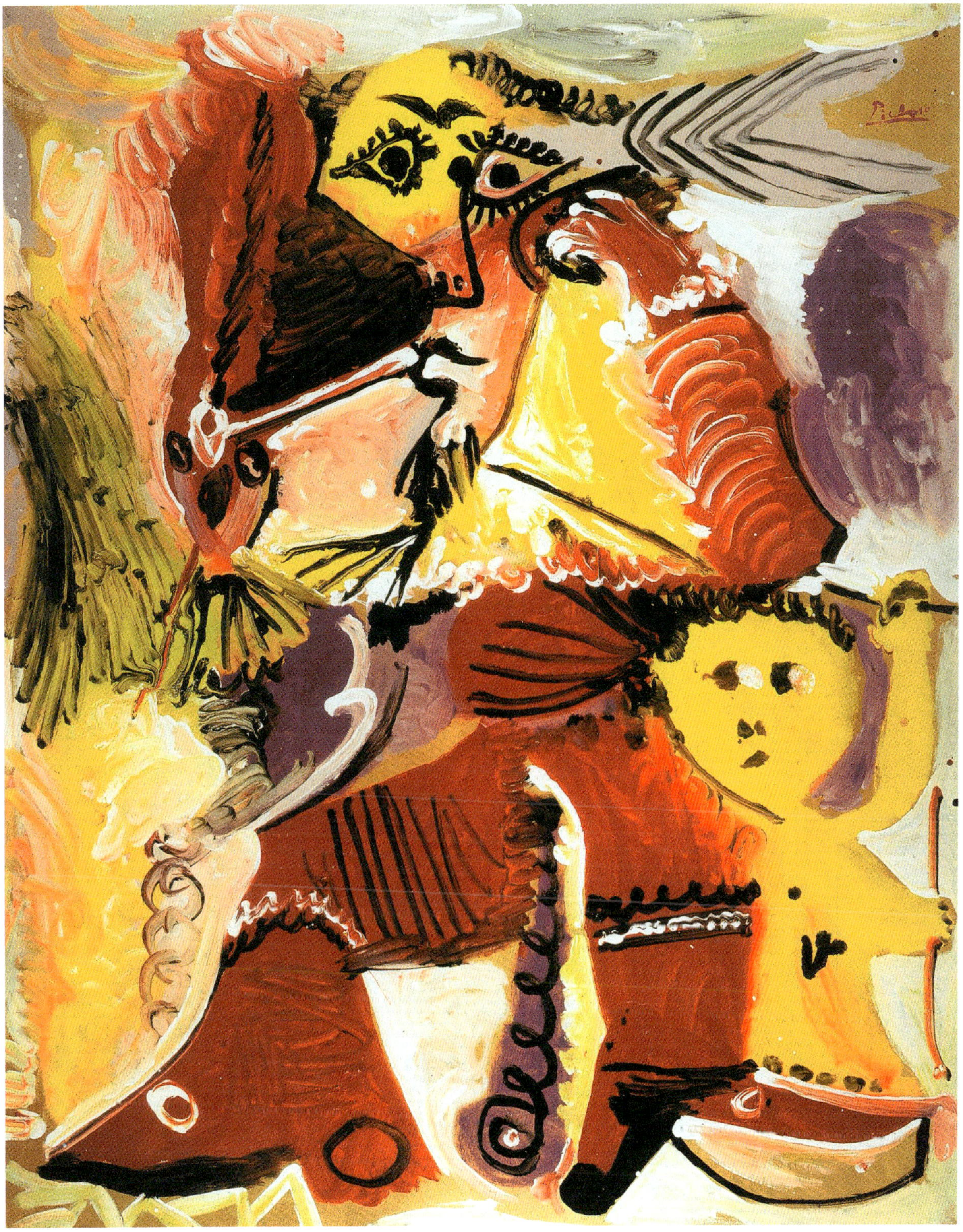

Hier in diesem Bild sind es zwei Gestalten, die man ja unschwer erkennen kann. Es ist eines der späten Bilder. Hier ist ein Blau, ein bisschen Weinrot, Türkis sowie Gelb. Was machen die Augen? Was machen die beiden Gestalten?

Im unteren Bereich scheinen die Figuren miteinander verbunden, in den oberen Extremitäten getrennt. Das Untere verbindet sich immer, sonst ginge es nicht weiter mit unserem Leben. Eine Verbindung und Trennung, das Weben in der Farbe: ein kühles, besinnliches, ein aufleuchtendes aufglühendes Hin und Her, ein freies Spiel, ein Wechsel zwischen Qualitäten. Die Farbe erzählt von sich selbst und indem sie von sich selbst erzählt, bringt sie den ganzen Lebensprozess mit ein. Hier sehen Sie Humor. Humor, der darauf gründet, dass Picasso künstlerisch durch alle Tiefen dieses Jahrhunderts gegangen ist.

Ich möchte damit unsere gemeinsamen Bemühungen in diesem Semester beenden. Ich muss leider immer in Fragmenten arbeiten. Ich danke Ihnen sehr für Ihr positives Mitgehen und Ihr Verständnis.

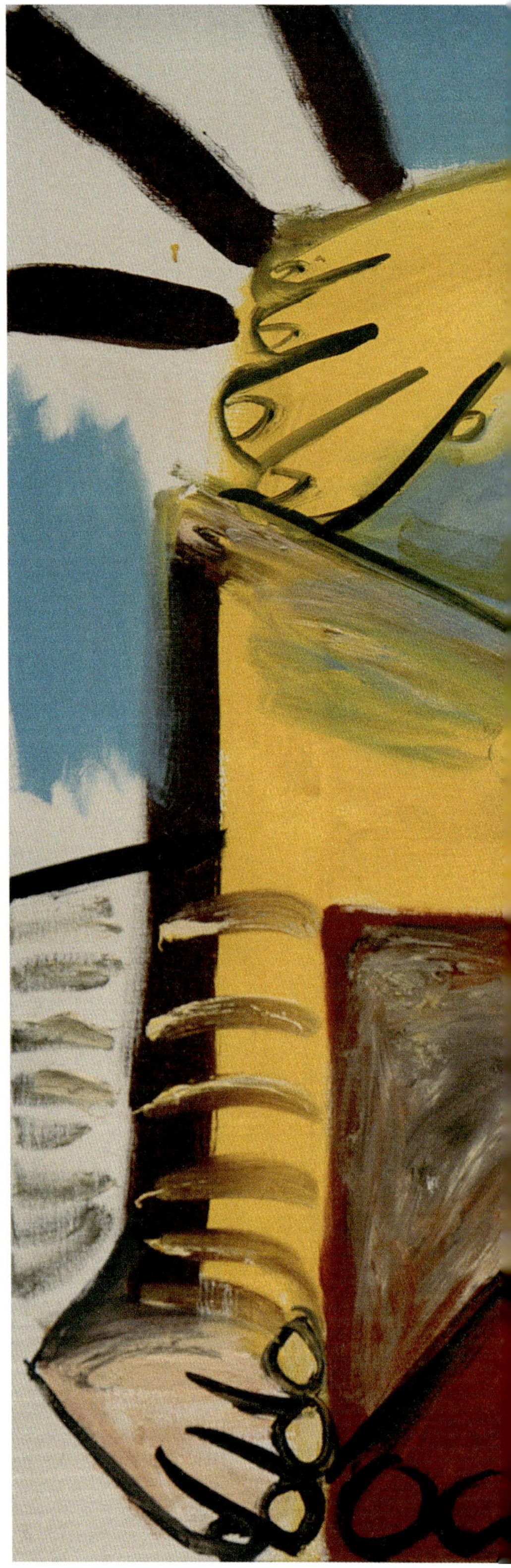

29 | Pablo Picasso, **Das Paar**, 23.Oktober 1969

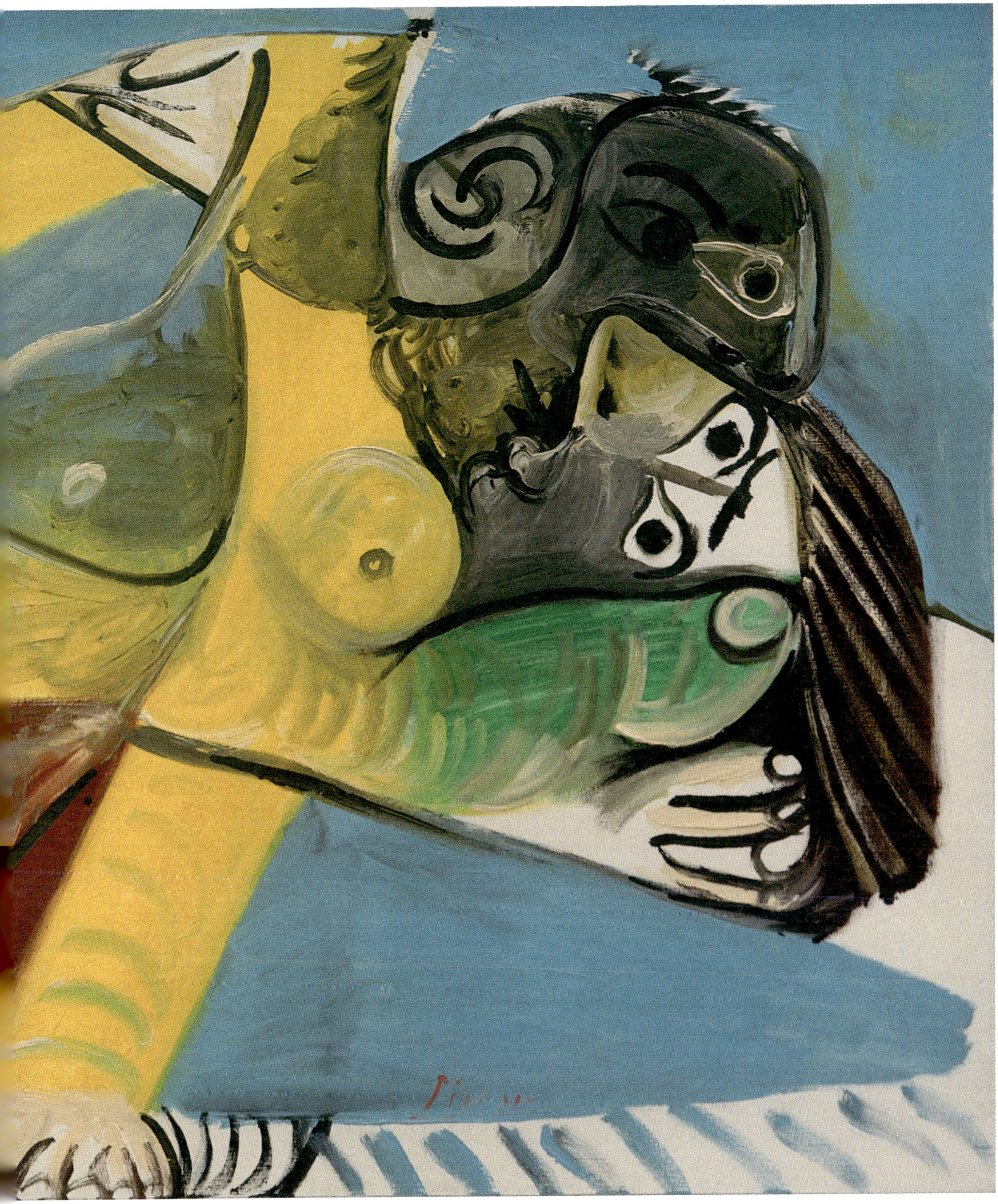

DIE WELT MIT PICASSOS AUGEN SEHEN

Die Vorlesung Michael Bockemühls über Picasso und seine Kunst hat mich begeistert. Ich wurde durch die Worte des Kunstwissenschaftlers in die Welt dieses Künstlers förmlich hineingezogen und konnte mit meinen Augen eintauchen in die Farben und Formen der Kunstwerke. Ich bewundere, wie es gelingt, anhand exemplarischer Bilder einen solch substanziellen Einblick in das vielleicht umfangreichste Lebenswerk, das ein Künstler je hinterlassen hat, zu eröffnen.

Ein Professor, der einen beim eigenen Sehen unterstützt und dazu ermutigt, eigene Entdeckungen zu machen, war eine Bereicherung für mein Studium, auch wenn ich diesen Menschen persönlich nie kennengelernt habe.

Wir bekommen in dieser Vorlesung Michaels Bockemühls nicht nur die Entwicklung eines außergewöhnlichen Talents vor Augen geführt, sondern zugleich auch einen Einblick in die ungeheure Perspektivenvielfalt, mit der Picasso die Welt gesehen hat.

Der Vortrag gliedert sich in drei Zugänge, durch die ich eine Zeitreise zu den einzelnen Stationen und Momenten des Schaffensprozesses dieses „Künstlers der Fülle" erfahren konnte.

Im ersten Zugang wird, anhand einiger ausgewählter Bilder gezeigt, wie Picasso sich in seiner Epoche künstlerisch verortet hat, wie er Strömungen aufgenommen, sich zugleich jedoch immer einen ganz eigenen Zugang erarbeitet hat, sodass er schließlich malen konnte, was immer er wollte – ohne einer bestimmten Stilrichtung verpflichtet zu sein.

Der zweite Zugang gibt Einblicke in die künstlerischen Ausdrucksformen, die Picasso im Verlauf seines Lebens vom menschlichen Körper entwickelt hat.

Der dritte Zugang führt in Werke ein, die Geschichten erzählen und den Betrachtenden in den Bereich des Mythischen eintauchen lassen. Auch wird im Weiteren auf die Lebendigkeit der Farben verwiesen, die im Spätwerk von sich selbst erzählen. Wir haben diesem Band als Motto die Äußerung Picassos, „Ich male die Nasen absichtlich schief, damit die Leute gezwungen sind, sie anzusehen" vorangestellt. Sie zeigt, dass es dem Künstler darum ging, seiner Kunst sehend zu begegnen.

„Wenn es in dem, was man tut, eine Freiheit gibt, dann die, etwas in sich selbst freizusetzen."[34]

Pablo Picasso

Mir selbst halfen die Ausführungen Bockemühls dabei. Ich gewann durch sie ein tieferes Verständnis für die Beobachtungsweisen von Kunstwerken. Auch wurde mir bewusst, wie die Kunst ein Schlüssel werden kann, die Welt um mich herum vielfältiger und genauer wahrzunehmen. Aber auch die Kunst selbst rückte mir dadurch beträchtlich näher. War meine Auseinandersetzung mit ihr zuvor deutlich an deren Inhalt orientiert, so achte ich nun nicht mehr nur auf das, was dargestellt ist, sondern wie der Künstler sein Werk gestaltet hat. Wie sind die Farben in einem Bild verteilt? Welche Wirkung entfalten sie im Anschauen? Wie sind die Formen verteilt – bis hin zu der Beobachtung, wie der Pinsel geführt ist. Auch habe ich gelernt, die Farben und Muster eingehender zu betrachten und mit beruhigtem Auge wahrzunehmen, wie sie sich ineinander bewegen und miteinander kommunizieren.

Ein Kernpunkt meiner Auseinandersetzung mit dieser Vorlesung zu Picasso ist die Einsicht, wie sinnvoll es ist, über die Kunst ins Gespräch zu kommen und sich über das Gesehene auszutauschen: Was genau sehe ich und wie werde ich von dem Bild dabei geleitet? Wie gleiche ich das, was ich sehe, mit dem ab, was ich schon kenne? Welche Formen, Farben und Muster kann ich erkennen und welche Wirkungen entfalten sie im Anschauen?

Auf all diese Fragen gibt es keine einfachen Antworten, allerdings bieten die Vorlesungen eine Fülle von Lösungswegen, durch die ich immer neu zu eigenen Antworten finden konnte. Dafür aber brauchte es Zeit – Zeit, um wirklich zur Ruhe zu kommen und meine Aufmerksamkeit – ungestört - dem Sehen zu widmen.

Ich bin dankbar und froh, dass diese Vorträge nun auch in Buchform erscheinen und die vergilbten Manuskripte zu neuem Leben erwachen.

Elisabeth Capellmann

PABLO RUIZ PICASSO

„Jedes Kind ist ein Künstler. Das Problem ist nur, ein Künstler zu bleiben, während man erwachsen wird.“ [35]

Pablo Picasso

1881
25. Oktober: Pablo Picasso (eigentlich Pablo Ruiz y Picasso) wird als Sohn des baskischen Malers und Zeichenlehrers José Ruiz Blasco und dessen Frau, der Andalusierin María Picasso López, in Málaga geboren.

1892–1894
Picasso zeichnet unter der Aufsicht des Vaters. Es entstehen *Akademische Studie* (1892–1893, Abb. 11), *Studie eines Torsos* (1893/94, Abb. 12).

1895/96
Die Familie zieht nach Barcelona, da der Vater an die dortige Kunstschule berufen wird. Es entsteht: *Bildnis der Mutter des Künstlers* (Abb. 4).

1897
Studium an der Academia San Fernando in Madrid.

1900
Veröffentlichung von Illustrationen durch Zeitungen in Barcelona.

Erste Paris-Reise. Besuch der Weltausstellung mit dem Pavillon der Werke von Auguste Rodin.

1901
Der Künstler beginnt seine Arbeiten mit „Picasso“ zu signieren.

Zusammen mit einem Freund gibt er die Zeitschrift Arte Joven (katalan.: Junge Kunst) heraus. Es entstehen: *Frau in Grün* (Abb. 5) und *Die Absinthtrinkerin* (Abb. 6).

1901–1904
In seiner „Blauen Periode“ entwickelt Picasso seinen ersten eigenen Stil mit schwermütigen Figurenbildern, die in verschiedenen Blautönen gehalten sind. Vergleiche *Die Armen am Meeresstrand* (Abb. 19).

1904
Nach jährlichen Paris-Reisen zieht Picasso endgültig in die französische Hauptstadt. Er lernt Fernande Olivier kennen, die seine Geliebte und sein Modell wird.

1908/09
Picasso bricht mit der bisher geltenden Ästhetik und wird zusammen mit Georges Braque (1882–1963) zum Begründer des Kubismus: Er bevorzugt zersplitterte Formen und eine dunklere Farbpalette. Auch seine Geliebte wird in dieser Kunstform dargestellt: *Frauenkopf vor Bergen* (Abb. 8). Das Gegenständliche wird in Werken wie *Frau mit Mandoline* (Abb. 13/14) in geometrische Formen aufgelöst.

1913
Tod des Vaters.

1917
18. Mai: Uraufführung des Balletts Parade in Paris. Picasso fertigt für die Inszenierung das Bühnenbild und die Kostüme. Anlässlich der Aufführung lernt Picasso die Tänzerin Olga Koklowa kennen.

30 | Pablo Picasso mit 14 Jahren

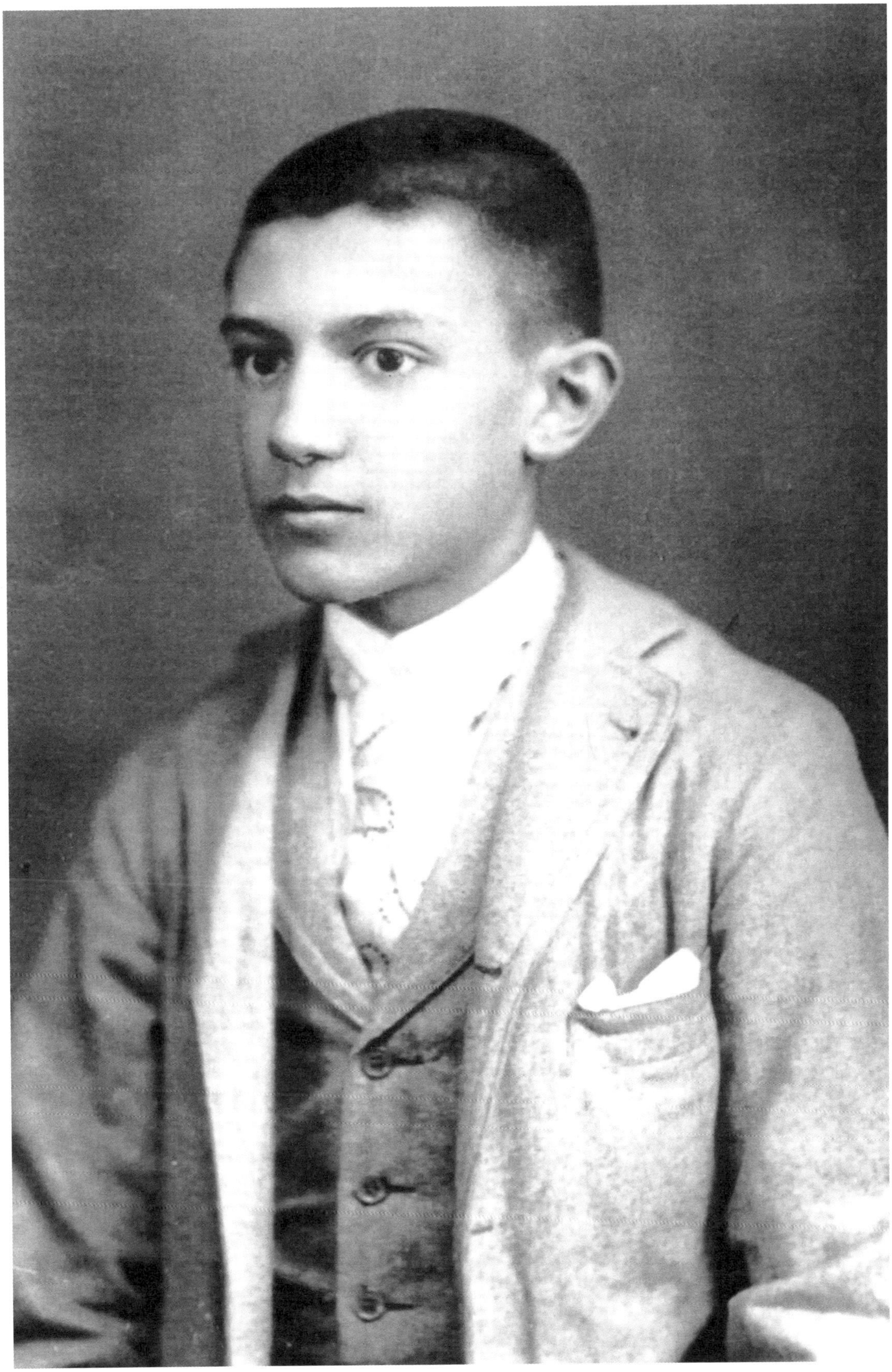

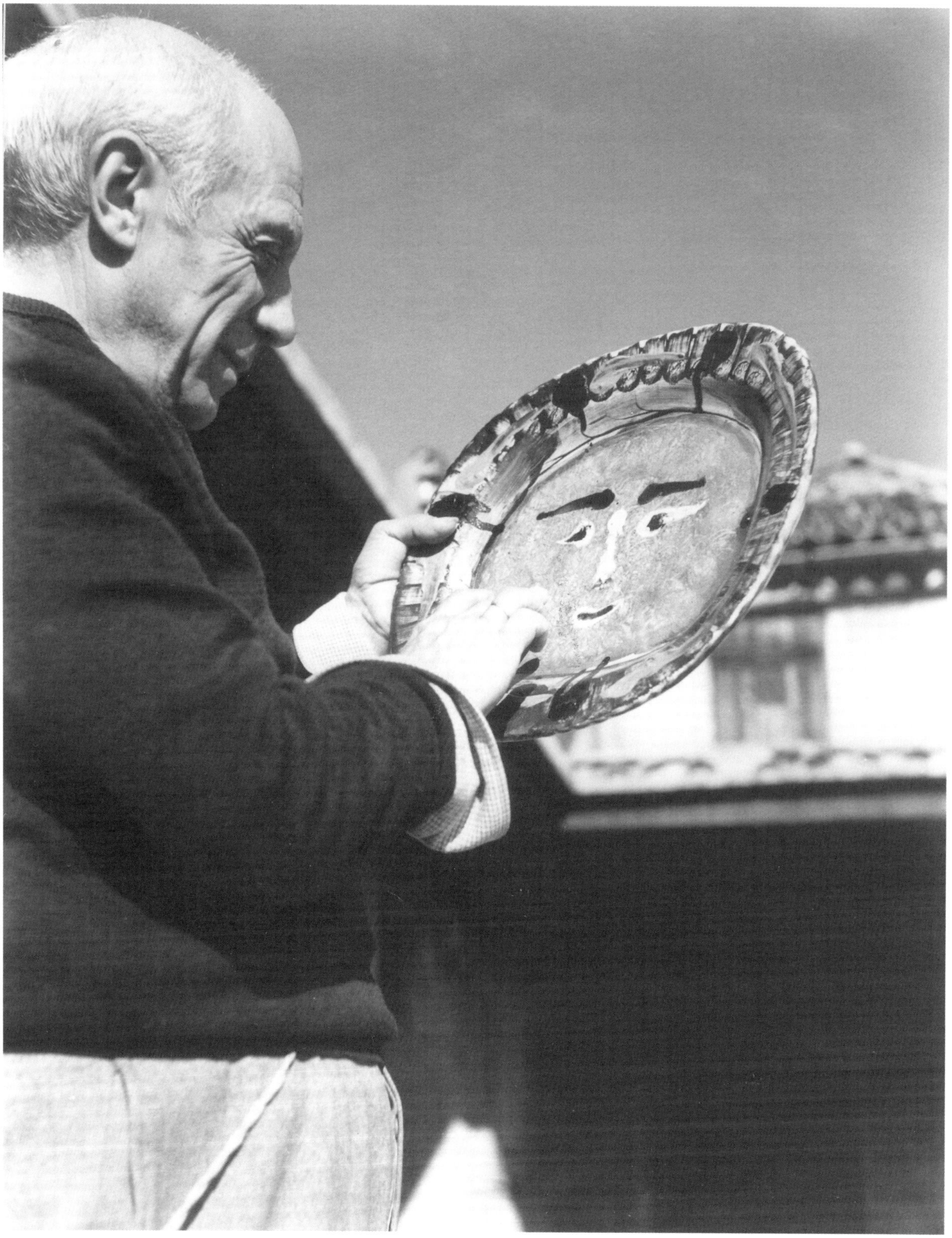

31 | Pablo Picasso, Paris 1948

1918
Heirat mit Olga. Aus der Ehe geht ein Kind hervor.

1927
Bekanntschaft mit Marie-Thérèse Walter, die seine Geliebte und sein Modell wird.

Sein Werk ist nun von vorwiegend frei figuralen Kompositionen geprägt, wie zum Beispiel *Badende mit Ball* (Abb. 20) von 1928.

1935
Die Geburt seines Kindes aus der Beziehung zu Marie-Thérèse führt zur Trennung von seiner Ehefrau.

1949
Picassos Lithographie *Die Taube* wird für das Plakat zum Friedenskongress in Paris ausgewählt.

1952
Picasso und Henri Matisse (1869–1954) unterschreiben einen Friedensaufruf.

1958
Er erwirbt das Schloss Vauvenargues.

1961
Heirat mit Jacqueline Roque.

„Es gibt den Maler, der aus der Sonne einen gelben Fleck macht, aber es gibt auch den, der mit Überlegung und Geschick aus einem gelben Fleck eine Sonne macht."[36]

Pablo Picasso

1936
Picasso nimmt den Direktorenposten des Prado-Nationalmuseums in Madrid an. Zeitgleich entsteht eine surrealistische Bilderreihe. Beispielhaft gezeigt durch: *Faun, Pferd und Vogel, Komposition mit Minotaurus im Harlekingewand* und *Verwundeter Minotaurus, Pferd und Paar.* (Abb. 24–26)

1937
Freundschaft mit Dora Maar, die neben Marie-Thérèse seine Geliebte und sein Modell wird.

1941
Beitritt zur Kommunistischen Partei Frankreichs.

ab **1943**
Freundschaft mit Françoise Gilot. Aus dieser Beziehung gehen zwei Kinder hervor.

1945
Picasso wird Vorsitzender des französisch-spanischen Hilfskomitees für republikanische Spanier.

1963
Eröffnung des Museo Picasso in Barcelona, das später einen Großteil seines Nachlasses erhält. Es entsteht das Bild seiner Frau *Bildnis Jacqueline* (Abb. 9).

1968
Picasso fertigt zwei große Serien von Radierungen *Maler und Modell* sowie *Die Liebenden.*

1969
In Picassos letzten Lebensjahren entstehen unter anderem die Werke *Rembrandteske Figur und Amor* (Abb. 28) sowie *Das Paar* (Abb. 29).

1973
8. April: Pablo Picasso stirbt in Mougins (bei Cannes). Er wird im Garten seines Schlosses beigesetzt.

„Ich sage nicht alles, aber ich male alles."[37]

Pablo Picasso

32 | Pablo Picasso, 1958

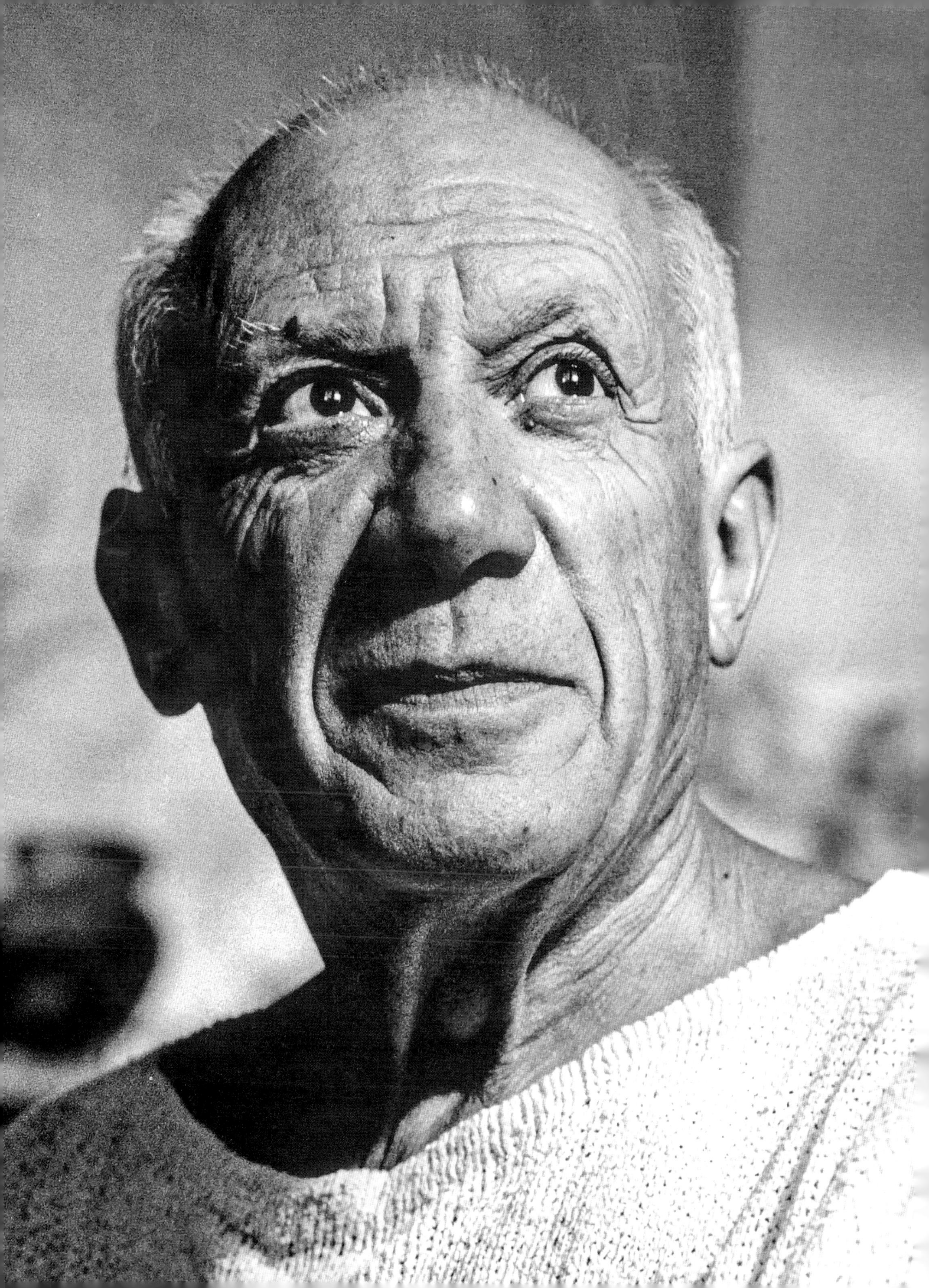

ANMERKUNGEN

1 Die Äußerung Picassos existiert in unterschiedlichen Varianten. Bei Daniel-Henry Kahnweiler (*Confessions esthétiques*, Verlag Gallimard Paris, S. 125 f.) bemerkt Picasso in Bezug auf das Bild *Les Demoiselles d'Avignon*: „... diese krumme Nase habe ich absichtlich gemacht. Ich habe sie so gemacht, dass sie [die Menschen] eine Nase sehen müssen" (aus dem Französischen: D. Hornemann v. Laer). An anderer Stelle bemerkt der Künstler: „Ich habe nie etwas davon gehalten, dass man nur für die ‚happy few', die wenigen Auserwählten, malt. Ich habe immer geglaubt, dass die Malerei selbst in einem Menschen, der sich gewöhnlich keine Bilder ansieht, etwas wecken müsse, so wie es bei Molière etwas gibt, worüber sehr intelligente Menschen genauso lachen wie diejenigen, die nichts begreifen. (...) Und in meinen Arbeiten gibt es (...) oft burleske und ziemlich vulgäre Elemente. Auf diese Weise erreiche ich jeden. Nicht, dass ich um die Gunst der Öffentlichkeit buhlte, aber ich möchte für jedes Niveau etwas bieten ... Es ist, wie wenn man einem Kind eine lange und schwierige Erklärung gibt: Du fügst gewisse Details hinzu, die es sofort versteht, um sein Interesse wachzurufen und ihm über die schwierigen Stellen hinwegzuhelfen. Die große Mehrheit besitzt keinen schöpferischen oder erfinderischen Geist. Wie Hegel sagt: Sie können nur kennenlernen, was sie bereits kennen. Wie willst du ihnen also etwas Neues beibringen? Indem Du das, was sie kennen, unter das mischst, was sie noch nicht kennen. Wenn sie dann in ihrer Umnebelung vage etwas sehen, das ihnen vertraut ist, denken sie: ‚Ah, das kenne ich.' Und ihr Geist stößt vor in das Unbekannte, sie beginnen wiederzuerkennen, was ihnen bislang nicht bekannt war, und so vermehrt sich ihre Erkenntniskraft." Picasso zit. n.: *Picasso. Über Kunst. Aus Gesprächen zwischen Picasso und seinen Freunden*. Ausgewählt von Daniel Keel. Diogenes Verlag Zürich 1988, S. 47. Im Folgenden mit „Keel" bezeichnet.

2 Vgl. *Das sichtbare Unsichtbare, Bericht über die Vorlesung zu Joseph Beuys*, Sendung vom 17.11.1994, WDR Fernsehen. In einem anderen Beitrag mit dem Titel: *Der Wittener Professor und die Kunst* wurde das große Interesse und der enorme Andrang mit den Worten umschrieben: „Ein Professor der Privaten Universität Witten/Herdecke reißt mit seinen Ansichten die Massen in seinen Bann!" Vgl. Sendung vom 19.05.1993, WDR Fernsehen.

3 Jana Eckey, Studentin der Philosophie, Kulturreflexion und kulturellen Praxis, Universität Witten/Herdecke.

4 Im Gespräch mit David Hornemann v. Laer bemerkte Michael Bockemühl, dass dieser Vortragszyklus sein eigentliches Hauptwerk sei. Er habe nur noch keine Form gefunden, wie man solche Vorlesungen, die die Kunst unabhängig von Vorkenntnissen, Bildungsstand und Alter zugänglich machen möchten, adäquat veröffentlichen könne.

5 Michael Bockemühl, *Die Wirklichkeit des Bildes*, Urachhaus Verlag Stuttgart 1985, S. 180.

6 Paulo Coelho, *Hippie*, Diogenes Verlag Zürich 2018, © 2018 Diogenes Verlag AG Zürich, Rückcover. Hier im Buch S. 13.

7 Michael Bockemühl, in: Yvonne Schwarzer (Hrsg.), *Ohne Wahrnehmung keine Welt, Gespräch mit dem Kunstwissenschaftler Michael Bockemühl*, Westerweide Witten 2003, S. 32.

8 Silke Kirch, *Diskursive Wirklichkeit*, in: Zeitschrift *info3. Bewusst leben. Gesellschaft gestalten*, Oktober 2018, S. 64.

9 Michael Bockemühl, *Anmerkungen zu Schillers Ästhetik*, in: Friedrich von Schiller, *Von der Schönheit zur Freiheit.* Über die ästhetische Erziehung des Menschen in einer Reihe von Briefen in einer Auswahl hrsg. von Yvonne Schwarzer mit einem Vorwort von Michael Bockemühl, ars momentum Kunstverlag Witten 2005, S. 5. Konsequenzen hat diese an Schiller orientierte Ästhetik auch für das Leben des Kunstwissenschaftlers, der nicht von Ideen ausgeht, sondern von der konkreten Wahrnehmung: „... meine individuellen Leitmotive gestalten sich eigentlich nicht aus dem Blick auf eine Grundidee, sondern auf eine ständig sich im Kontext verwandelnde Wahrnehmung" (Claus Otto Scharmer, Interview mit Michael Bockemühl vom 22. Mai 1995, Archiv M. Bockemühl, Herdecke).

10 Picasso zit. n.: Keel, S. 19. Das Zitat lautet vollständig: „Ein Bild lebt sein eigenes Leben wie ein lebendiges Geschöpf, und es unterliegt den gleichen Veränderungen, denen wir alltäglich unterworfen sind. Das ist ganz natürlich, da das Bild nur Leben hat durch den Menschen, der es betrachtet."

11 Malerei des 19. Jahrhunderts (Bd.1, Einführung), Claude Monet (Bd. 2), Vincent van Gogh (Bd. 4), Paul Cézanne (Bd. 5), Pablo Picasso (Bd. 6). Dem dritten Band (Paul Gauguin) liegt keine Vorlesung, sondern ein bereits publizierter Text von Michael Bockemühl zugrunde.

12 Worte des Schülers zu dem als Faust verkleideten Mephisto, in: Goethe, Faust I, Vers 1966f.

13 Vgl. Michael Bockemühl, KUNST SEHEN. Bd. 5: *Paul Cézanne*, Info3 VERLAG Frankfurt/M. 2018.

14 Picasso zit. n.: Keel, S. 11f.

15 Vgl. KUNST SEHEN. Bd. 1: *Malerei des 19. Jahrhunderts*, Info3 Verlag Frankfurt/M. 2018.

16 Vgl. KUNST SEHEN. Bd. 2: *Claude Monet*, Info3 Verlag Frankfurt/M. 2018.

17 Vgl. KUNST SEHEN. Bd. 8: *Emil Nolde*, Info3 Verlag Frankfurt/M. (erscheint im Frühjahr 2019).

18 Picasso zit. n.: Hélène Parmelin, *Picasso sagt* ... Verlag Kurt Desch München 1967, S. 32. Im Folgenden mit „Parmelin" bezeichnet.

19 Picasso zit. n. Keel, S. 19.

20 Siehe Anmerkung Nr. 15.

21 Die Picasso zugeschriebene Äußerung kursiert in unterschiedlichen Varianten. Eine weitere, nachweisbare Version zitiert die Enkelin Marina Picasso. Sie erinnert sich, dass ihr Großvater gesagt habe: „Mit acht Jahren war ich Raphael. Ich habe ein Leben gebraucht, um wie ein Kind zu malen." Zit. n. Marina Picasso, *Picasso, My Grandfather*, Riverhead Books New York, 2001, S. 182 (Übers.: D. Hornemann v. Laer).

22 Hans Sedlmayer, *Verlust der Mitte: Die bildende Kunst des 19. und 20. Jahrhunderts als Symptom und Symbol der Zeit*. Otto Müller Verlag Salzburg, 11. Auflage 1998.

23 Picasso zit. n.: Keel, S. 66.

24 Picasso zit. n.: Parmelin, S. 33.

25 Picasso zit. n.: Keel, S. 44.

26 A.a.O., S. 34.

27 A.a.O., S. 72.

28 Picasso zit. n.: Keel, S. 24 (im Gespräch mit dem französischen Künstler Brassaï am 10. Juli 1945).

29 Picasso zit. n.: Keel, S. 73.

30 Picasso zit. n.: I.F. Walther, *Picasso. Das Genie des Jahrhunderts*. Taschenverlag Köln 1986, S. 61.

31 Picasso zit. n.: Keel, S. 86.

32 A.a.O., S. 98.

33 A.a.O., S. 78.

34 Picasso zit. n.: Parmelin, S. 27.

35 Je bekannter eine Picasso zugeschriebene Äußerung ist, desto schwieriger lässt sie sich oft nachweisen. Zumindest gilt das für dieses allgemein bekannte Zitat, das wohl zum ersten Mal im Time-Magazine vom 4. Oktober 1976 veröffentlicht worden ist, allerdings ohne Quellenangabe und drei Jahre nach Picassos Tod. Vgl. http://content.time.com/time/magazine/article/0,9171,918412,00.html (zuletzt abgerufen: 15.10.2018).

36 Picasso zit. n. Peter Schifferli (Hrsg.), *Picasso. Wort und Bekenntnis. Die gesammelten Dichtungen und Zeugnisse*. Bd. 3, Ullstein Verlag, Frankfurt/M. 1957, S. 22.

37 Äußerung Picassos vom 21. Februar 1966 zit. n.: Parmelin, S. 5.

VERZEICHNIS DER WERKE UND BILDNACHWEISE

1 | Pablo Picasso, **Selbstbildnis** 1907, Öl auf Leinwand, 56 x 46 cm, National (Narodni) Galerie, Prag.© akg-images / Album / Prisma, © Succession Picasso / VG-Bild-Kunst, Bonn 2019, S. 9.

2 | Michael Bockemühl 2003 © Christian Nielinger, Essen, S. 14.

3 | Foto: Pablo Picasso mit Pfeife, um 1908. Unbekannter Fotograf. Vgl. wikipedia.org/wiki/Pablo_Picasso, S. 18.

4 | Pablo Picasso, **Bildnis der Mutter des Künstlers**, Barcelona, 9. Juni 1896, Aquarell auf Papier, 49,8 x 39 cm, Picasso Museum, Barcelona, © Heritage-Images / Art Media / akg-images, © Succession Picasso / VG-Bild-Kunst, Bonn 2019, S. 20.

5 | Pablo Picasso, **Frau in Grün**, Madrid 1901, Pastell auf Karton, 51.8 x 36.2 cm © bpk | The Metropolitan Museum of Art, © Succession Picasso / VG-Bild-Kunst, Bonn 2019, S. 23.

6 | Pablo Picasso, **Die Absinthtrinkerin**, Paris 1901, Öl auf Karton, 67 x 52 cm, Musée d'Orsay, Paris, © Christie's Images / Bridgeman Images, © Succession Picasso / VG-Bild-Kunst, Bonn 2019 S. 25.

7 | Pablo Picasso, **Kopf eines Mannes**, Frühjahr 1909, Gouache auf Holz, 27,1 x 21,3 cm, Picasso Museum, Paris. bpk / RMN - Grand Palais / Adrien Didierjean, © Succession Picasso / VG-Bild-Kunst, Bonn 2019, S. 27.

8 | Pablo Picasso, **Frauenkopf vor Bergen** (Bildnis Fernande Olivier), 1909, Öl auf Leinwand, 65 x 54,5 cm, Eigentum Städelscher Museums-Verein e. V., Frankfurt a. M., Städelsches Kunstinstitut. © Städel Museum - ARTOTHEK, © Succession Picasso / VG-Bild-Kunst, Bonn 2019, S. 29.

9 | Pablo Picasso, **Bildnis Jacqueline, Mougins**, 22. April bis 30. Mai 1963, Öl auf Leinwand, 92 x 60 cm, © Museum Sammlung Rosengart, Luzern, © Succession Picasso / VG-Bild-Kunst, Bonn 2019, S. 31.

10 | Pablo Picasso, Foto um 1928 © Private Collection / Roger Viollet, Paris / Bridgeman Images S. 32.

11 | Pablo Picasso, **Akademische Studie Nr. 88**, Zeichnung auf Papier, 1892–93, 52,1 x 36,7 cm, Nr. 88, © Museu Picasso, Barcelona. Photograph, Gasull Fotografia, © Succession Picasso / VG-Bild-Kunst, Bonn 2019, S. 35.

12 | Pablo Picasso, **Studie eines Torsos Nr. 11** (nach einem Gipsabdruck), La Coruña, 1893/94, Kohle und Bleistift auf Papier, 49 x 31,5 cm, Musée Picasso, Paris, © bpk / RMN - Grand Palais / Béatrice Hatala, S. 37.

13 | Pablo Picasso, **Mädchen mit Mandoline** (Fanny Tellier) Paris, Spätfrühjahr 1910, Öl auf Leinwand, 100,3 x 73,6 cm, Museum of Modern Art, New York. Foto: © Hans Hinz – ARTOTHEK, © Succession Picasso / VG-Bild-Kunst, Bonn 2019, S. 39.

14 | Pablo Picasso, **Frau mit Mandoline**, 1910, Öl auf Leinwand, 91,5 x 59 cm, Museum Ludwig, Köln. © Rheinisches Bildarchiv, rba_c010772, © Succession Picasso / VG-Bild-Kunst, Bonn 2019, S. 41 und 43.

15 | Pablo Picasso, **Sitzender weiblicher Akt**, sich den Fuß trocknend, 1921, Pastell auf Papier, 66 x 50,8 cm Genf, Slg. Heinz Berggruen. © akg-images, © Succession Picasso / VG-Bild-Kunst, Bonn 2019, S. 45.

16 | Pablo Picasso, **Sitzender Akt**, 20. Februar 1933, Öl auf Leinwand, 130 x 97 cm, Kunstsammlung Nordrheinwestfalen, Düsseldorf. © bpk / Kunstsammlung Nordrhein-Westfalen, Düsseldorf / Walter Klein, © Succession Picasso / VG-Bild-Kunst, Bonn 2019, S. 49.

17 | Pablo Picasso, **Frau mit Artischocke**, 31. Juli – 1. August 1941, Öl Leinwand, 195 x 130 cm, Köln, Foto: © akg-images, © Succession Picasso / VG-Bild-Kunst, Bonn 2019, Museum Ludwig, Köln, S. 51.

18 | Pablo Picasso, **Büste einer Frau mit gestreiftem Hut**, Paris, 3. Juni 1939, Öl auf Leinwand, 81 x 54 cm, Picasso Museum, Paris. © akg-images, © Succession Picasso / VG-Bild-Kunst, Bonn 2019, S. 53.

19 | Pablo Picasso, **Die Armen am Meeresstrand**, Barcelona 1903, Öl auf Holz, 105,4 x 69 cm, National Gallery of Art, Washington, © akg-images, © Succession Picasso / VG-Bild-Kunst, Bonn 2019, S. 57.

20 | Pablo Picasso, **Badende mit Ball**, Dinard, 20. August 1928, Öl/Lw., 21,9 x 35,1, Priv. Collection, New York, © akg-images / De Agostini Picture Lib., © Succession Picasso / VG-Bild-Kunst, Bonn 2019, S. 58–59.

21 | Pablo Picasso, **Der Kuss**, Sommer 1925, Öl/Lw., 130 x 97,7 cm, Picasso Museum, Paris, © akg-images, © Succession Picasso / VG-Bild-Kunst, Bonn 2019, S. 63.

22 | Pablo Picasso, **Modell und surrealistische Skulptur**, 4. Mai 1933, Radierung, 43,3 x 33,7 cm, Picasso Museum, Paris. © Boltin Picture Library / Bridgeman Images, © Succession Picasso / VG-Bild-Kunst, Bonn 2019, S. 65.

23 | Pablo Picasso bei der Herstellung einer Keramik-Schale, Foto Paris 1948 © akg / Archivio Cameraphoto Epoche, S. 66.

24 | Pablo Picasso, **Faun, Pferd und Vogel**, Paris, 5. August 1936, Gouache, Tusche auf Papier, 44,2 x 54,4 cm, Picasso Museum, Paris. ©bpk / RMN - Grand Palais / Mathieu Rabeau© Succession Picasso / VG-Bild-Kunst, Bonn 2019, S. 70–71.

25 | Pablo Picasso, **Komposition mit Minotaurus im Harlekingewand**, Gouache, Tusche auf Papier, 44,5 x 54,5 cm, Paris, 28. Mai 1936, Picasso Museum, Paris. © bpk / RMN - Grand Palais / Thierry Le Mage, © Succession Picasso / VG-Bild-Kunst, Bonn 2019, S. 72–73.

26 | Pablo Picasso, **Verwundeter Minotaurus, Pferd und Paar**, Paris, 10. Mai 1936, Gouache, Feder und Tusche auf Papier, 50 x 65 cm, Musée Picasso, Paris. © Fine Art Images – ARTOTHEK © VG Bild-Kunst, Bonn S. 74–75.

27 | Pablo Picasso, **Stilleben mit Stierkopf, Kanne und Früchten**, 1939, 65 x 92 cm, Öl auf Leinwand, Cleveland Museum of Art, © Alexander Koch – ARTOTHEK, © VG Bild-Kunst, Bonn, S. 78–79.

28 | Pablo Picasso, **Rembrandteske Gestalt und Amor**, 1969, Öl auf Leinwand, 162 x 130 cm, © Museum Sammlung Rosengart, Luzern © VG Bild-Kunst, Bonn, S. 81.

29 | Pablo Picasso, **Das Paar**, 23. Oktober 1969, Öl auf Leinwand, 108,5 x 140,5 cm, Museum Frieder Burda, Baden-Baden, © akg-images, © VG Bild-Kunst, Bonn, S. 82–83.

30 | Pablo Picasso mit 14 Jahren, Foto Barcelona 1895, © PVDE / Bridgeman Images, S. 87.

31 | Pablo Picasso, Foto, Paris 1948 © akg / Archivio Cameraphoto Epoche, S. 88.

32 | Pablo Picasso, Foto, 1958 © mauritius images / Roger Cracknell 01/classic / Alamy, S. 90.

Die Herausgeber haben sich entsprechend den gesetzlichen Bestimmungen intensiv bemüht, das Copyright für die den Abbildungen zugrunde liegenden Fotos einzuholen und abzugelten. Sollten dennoch weitere Ansprüche bestehen, so werden die betroffenen Personen gebeten, sich an den Verlag zu wenden.

DANK

Das diese vor über 25 Jahren begonnene und glücklicherweise auf Tonband aufgezeichnete Vortragsreihe nun endlich in Buchform erscheinen kann, verdankt sich der Mitarbeit vieler Menschen.

Die Aufzeichnungen auf den Tonbändern wurden von Sandra Schwarz verschriftlicht. Natalie Rehm brachte die Texte in eine erste Form und suchte die Dias zu den Vorträgen zusammen. Schließlich gab es zahlreiche Studierende, die sich seit 2014 im Rahmen von Seminaren, die von David Hornemann v. Laer geleitet wurden, in unterschiedlicher Besetzung um eine vorsichtige Überarbeitung der Vorträge kümmerten, welche den Stil der frei gehaltenen Vorträge beibehielt und sie gleichwohl auch lesbar machten.

An dem Zustandekommen dieses Projekts waren bisher beteiligt:
Tanja Adam-Heusler, Meike Adden, Joseph Bailey, Elena Ball, Lea Bengel, Laura Bickel, Geraint Black, Leandra Börner-Valdez, Demian Buchner, Elisabeth Capellmann, Eda Ciftci, Julius Daniel, Anna Deffner, Philipp Doose, Jana Eckey, Lara-Luna Ehrenschneider, Manischa Eichwalder, Isabel Gadea, Caroline Geck, Max Geuer, Paul Geilenberg, Andreas Grieser, Isabel Gudd, Julia Hansel, Antonia Heinrich, Ronja Hellebrandt, Hannah Heukeroth, Laura Jacobson, Sinja Jessberger, Jennifer Klack, Melanie Laskowski, Clara Laufenberg, Dominik Lauinger, Valerie Liebers, Katharina Lilienthal, Rose Link, Foo Low, Florian Kämpf, Jannis Keuerleber, Miranda Kiefer, Jonas Klingberg, Mathilda Knoblauch, Anna Ko, Julian Kramp, Andrea Kreisel, Johanna Lamprecht, Helias Mackay, Nura Mahmalat, Johanna Mayrshofer, Nikolas Middelmann, Tobias Möller-Hahlbrock, Lorenz Mrohs, Julia Muhsal, Matthias Niedermann, Martin Pawelkiwitz, Laurenz Pfaff, Matthias Pfrogner, Anselm Prechtl, Constantin Reuter, David Richardoz, Lydia Roknic, Verena Schusser, Josephine Schütt, Amelie Scupin, Sarah Sock, Rahel Steffen, Rachel Steinmetz, Matthias Tamm, Carla Tenthoff, Christine Teuchert, Olaf Tittel, Philine Töpper, Friedemann Uhl, Richard Ulrich, Nikolas von Kameke, Anna-Lena Weidemann, Christiane Weinberg, Shaya Werner, Clara Wicharz, Klara Zepp, Mara Zöller.

Die Buchreihe verdankt ihre das Kunstwerk ins Zentrum rückende Gestaltung dem Grafiker Frank Schubert. Birgit Bockemühl stand uns mit Rat und Tat zur Seite und war insbesondere bei der Klärung schwieriger Textstellen und deren Umformulierung eine unschätzbare Hilfe. Der Künstlerin Anke von Loewensprung verdanken wir nicht nur eine intensive Mitarbeit an der Überarbeitung des Textes, sondern auch einen ersten grafischen Entwurf dieses Bandes.

Silke Kirch sei Dank für ihre Anmerkungen, die zu einer Verbesserung des Textes geführt haben sowie ihr aufmerksames Lektorat und Christoph Steinrücken für das umsichtige Marketing. Nicht zuletzt sei den Verlagsleitern Jens Heisterkamp und Ramon Brüll für ihre Unterstützung und ihren Glauben an dieses herausfordernde Projekt gedankt.

Zudem danken wir den im Folgenden genannten Förderern, durch deren inhaltliche Unterstützung und großzügige Förderung die Drucklegung dieser Bände ermöglicht wurde:

universität Witten/Herdecke
Fakultät für Kulturreflexion
- Studium fundamentale

wittener universitätsgesellschaft

GLS Treuhand

IBAM
Integriertes Begleitstudium
Anthroposophische Medizin
Universität Witten/Herdecke

Werner Richard-
Dr. Carl Dörken
Stiftung

IMPRESSUM

Bibliographische Information der Deutschen Nationalbibliothek:
Die Deutsche Nationalbibliothek verzeichnet diese Publikation in der Deutschen Nationalbibliographie; detaillierte bibliographische Daten sind im Internet über http://dnb.ddb.de abrufbar.

ISBN 978-3-95779-068-2

Erste Auflage 2019

Typographie, Satz und Umschlag:
Frank Schubert, Frankfurt am Main unter Verwendung einer Detailabbildung des Gemäldes Pablo Picasso, Büste einer Frau mit gestreiftem Hut, 1939

Druck und Bindung: Dilling Printmedien, Kreuztal

INFO3 VERLAG

Kirchgartenstr. 1, 60439 Frankfurt
Tel. 069-57 000 892, Fax +49-69-58 46 16
vertrieb@info3.de

WWW.INFO3.DE

HERAUSGEBER:
David v. Hornemann Laer
Fakultät für Kulturreflexion
Universität Witten/Herdecke
Alfred-Herrhausen-Str. 50, 58448 Witten
eMail: david.hornemannvonlaer@uni-wh.de
www.kunst-sehen.com